——夢想，出發！——
空服員輕鬆考取計畫

60天黃金特訓，
躋身全球風行的
熱門航空業

推薦序

國籍航空空服員／粉專『高空中的北一女』

若干年過去了，每每回憶起當年得知考取空服員的那一刻，偌大的喜悅如今仍絲毫未減。

猶如大部份渴望穿著航空制服飛上天際的考生，那時候的我也曾覺得徬徨無助。也曾有無數個輾轉難眠的夜晚，只能躺在床上，在心裡一遍又一遍地反覆練習應對面試中各種可能出現的問答，以及任何可能面臨的突發狀況。這般深刻的煎熬與過程，是我永遠都無法忘卻的記憶。

在幾次機緣輾轉下，我透過朋友的引薦，認識了一些已經在天空中展翅翱翔的空服前輩。那時曾天真的以為，自己所有的疑惑苦楚能夠順利地在向前輩們請益後一一迎刃而解。但，我似乎想得太簡單了。

「或許有些人天生就是長著翅膀，順遂地通過層層關卡，並順理成章的成為空服員吧！」當時在數次與前輩會面後，我心裡不禁這麼想著。對於種種問題與疑惑，真正能回答我的前輩實在寥寥可數。大多時間，我憑藉著努力拼湊的零碎網路資訊，四處尋訪可能有用的相關書籍，浪費了許多時間，繞了不少冤枉路。終於，在日積月累的磨練、嘗試，嚴苛的自我儀態要求，加上點點滴滴累積下來的訊息與經驗，也幸運地在不少幸運貴人的幫助下，我最終完成了夢想，乘著翅膀飛上了天際。在喜嚐成功果實之際，讓我格外地為自己一路的堅持與努力感到驕傲，但卻也為那段因「迷惘、煎熬、忐忑不安」所逝去的時光感到可惜。

當 Lyna 問我是否願意給予《夢想，出發！空服員輕鬆考取計畫》這本書意見跟回饋時，我毫不猶豫的一口答應。不只是因為我們的友情，更是因為我很開心能有人為那些嚮往成為空服員的後進們，引領一條明確且清晰的道路，為那些還在徬徨與煎熬的考生們，點燃一盞名為「希望」的明燈。讓我驚訝的是，在我閱讀完這本書後，才發現自己原來沒有想像中的了解航空業，更不知道原來還有這麼多其他選擇。同時在書裡還提及許多當年沒有設想過的面試情境問題，讓我不禁覺得：「我真幸運，原來自己當初遭遇的難題並不算多。」

想要成為空服員，不是幸運就足夠；但擁有這本書的你們，真的很幸運。這是一本能為還在追逐航空夢想的你 / 妳全方位解惑的書籍，讓你 / 妳更有方向地逐一完成各項準備，讓自己隨時都處於：I am ready to be an excellent flight attendant. 請繫上安全帶，讓我們一同 take off。

推薦序

廉航座艙長／零時差空賊人森之落地去哪兒

空服員一直是大家憧憬的工作。萬中選一的亮麗外型、多國語言是基本，穿上制服的專業及榮耀感不時散發著光芒。從小我也和多數女孩一樣，懷抱著拉著行李箱環遊世界的夢想。踏入這個行業後，女孩的粉紅色泡泡卻破滅了。典雅的法式包頭下隱藏著惱人的偏頭痛與落髮；誘惑的歐美長班搖擺著時差與睡眠的天人交戰；寒冬中泡在水裡顫抖仍訓練有素的演練著緊急逃生的使命感……這一切的一切，若你沒有高度的熱忱，便淪為彷彿數饅頭度日等合約到期的軍旅生涯，虛度了光陰。脫下了光鮮亮麗的制服，你還剩下什麼？

近日，我因為一個小舉動，感動了機上乘客，進而上網發文感謝甚至被多家新聞媒體報導。起因是我不經意發現了乘客剛好在搭機當天生日，便趁著空檔召集組員們用入境單背面做了張小卡片，畫上小插圖寫上祝福的話，帶著滿滿的誠意悄悄走到他身邊唱生日快樂歌給他聽。乘客完全沒料到我們在短短的航程中竟然會發現他的生日，還抽空幫他慶生。意外夾雜著驚喜，將原本班機延誤的負面情緒一掃而空，連帶回去發文後的蝴蝶效應，完美了他的生日。而無預期的接收到乘客的回應及鼓勵，帶給我心靈的滋潤更是無可言喻。一樣是工作，心態可以決定一切，你能為你的工作做些什麼？

在我眼中的LYNA，是一個自我要求極高的堅毅女性。不懂的事情便虛心請教；待人真誠，跟你交情再好也不會濫用友情佔你便宜，難怪她的人緣極佳。一旦決定便勇往直前，親力親為。從零到有，一路走來讓我十分佩服，甚至驚豔！你很難想像這麼瘦小，外型如此亮麗的女生能有如此巨大的正面信念與能量！相信能帶給朋友溫暖及力量的人，必定也能帶給大家滿滿的心靈饗宴！

推薦序

諾瑪瑜珈執行長、前國泰航空空服員 ／ Shany

擁有不錯的薪水還能順便環遊世界、結交各地朋友，在不同的國家享受美食逛街購物，穿著美麗的制服拖著行李箱跟機長一起優雅地走在機場大廳……，似乎是一般人對於空服員的美麗既定印象。這些的確是身為空服員的一些福利優勢，但大多數時間，我們需要面臨的其實是更多的挑戰。重的不得了的機艙餐車，嚴格的飛安訓練、狂風暴雨的颱風天也要工作、總是在處理緊急狀況、急救滅火接生打壞人、永遠在時空錯亂、無論再累都要保持高 EQ 和超高抗壓性笑臉迎人，在光鮮亮麗的背後，其實還有著成正比的痛苦與考驗。

但身為一個空服員，除了嚴格的飛安救護等訓練外，最大的收穫是學習如何放低身段與服務他人；學習用世界各國不同文化角度思考、學習體諒各式各樣的行業、學習細微觀察每個人的需求，並誠心地提供他們一次又一次安心舒適的旅程。這些珍貴的經歷，紮實地成為了我身體的一部份，不再以自我為中心，看事情的角度也變得更豐富多元。對我來說，當空服員就像台灣男生要當兵一樣、像泰國男生一生要出家一回一樣，是一次能夠快速體驗人生與成長的難得經驗，也是最美麗繽紛的人生階段。

集結疲累痛苦無奈卻又交織著快樂驚喜與難忘的種種回憶，空服員確實是一個魅力無窮的行業，值得我們花心力投資與親身體驗。Lyna 與 UIA 航空培訓機構提供了成為航空業人員的完整訓練，除了英語、儀態等諸多考試技巧輔助外，更貼心的為學員設計了適合自己的課程。看到 Lyna 每天不分晝夜耐心回覆學員的各種提問、細心準備豐富的考題與各種資料，對待學員就像朋友一樣真心，幫助大家一圓飛向藍天的夢想，相信她的真誠，身邊的人都能夠感受得到。

如果你也有飛行夢，又希望能遇到志同道合想一起進入航空業的朋友們，看完這本書，相信你會覺得收穫滿滿、躍躍欲試，趕快付諸行動吧！

雄獅旅行社主題旅遊達人領隊 ／ 小布希

很多人都有飛翔夢，夢想著自己可以在藍天白雲之間穿梭，每天在不同城市中醒來，只是不知道自己有沒有機會成為其中的一員。

在我當領隊的七年時光裡，遇過為數不少的空服員，有些人一看就可以從中感受到他們對這個行業的熱情，有些人卻只是將其視為高薪的一項職業，為了能多賺一點錢。這個看似光鮮亮麗的產業，符合期待的優質服務與危機處理才是真正的本質。很多人認為空服員只要擁有姣好的外表就可以勝任，卻忽略了若發生任何危機，能夠幫助乘客的人只有空服員們以及具有內涵的地勤人員，這些站在第一線的人員，才是真正能夠解決問題的人。

你是否能夠想像，在三萬六千英呎的高空中發生危機時，該如何安撫所有乘客的心情；當飛機延誤了幾個小時，站在你面前焦慮不安、頻頻詢問的乘客，只為了能搭上這班飛機的心情？面對責任如此重大的工作，並不如大家想像中的那樣簡單。在成為空服員之前，大家必須先想清楚自己是否真的適合這個職業。倘若你所有的疑問都能夠在這本書中得到解答，如果你也夠努力追求自己的夢想，那麼，我想沒有人是不能成功的。

曾經有個朋友跟我說，她的夢想是當空服員，但她的英文不好，所以不敢參加空服員考試。我鼓勵她：「如果妳現在不追求自己的夢想，有一天妳會後悔年輕的時候為什麼不勇敢一點。」經過了高達 8 次的多益考試挑戰之後，她終於符合航空公司的應試標準，現在也已經順利在航空業服務了三年。所以，無論是誰，只要能夠勇敢的設定目標，列出達成的關卡，一個接著一個完成，最後一定能抵達終點。而這一本書就是你追求成功的過程中，幫助你的那本寶典，關於航空考試的許多問題，都能在這裡得到解答。

Lyna 是我認識的朋友中最勇敢追求夢想與目標的人，她的每個動作都明確指出她要走的方向，這不正是我們最想成為的人嗎？知道自己要什麼，比別人認為你是什麼來得重要多了。

你 / 妳準備好了嗎？如果你 / 妳今天翻開了這本書，代表我們未來很快會在空中相遇。我期待著與你 / 妳一同分享成功翱翔天際的感動故事。

推薦序

前國泰航空空服員 ／ 粉專『飛行寶貝 Party In The Air』芬妮

飛行員在很多人心目中，可以說是全世界最迷人的夢幻職業了！既可以工作賺錢又可以環遊世界！

但成為一名專業空服員絕對不是 rocket science。除了協助客人安全抵達目的地之外，空服員更多時間是需要花費在提供餐飲相關的服務上。加上近年來國際上各家航空公司為因應市場需求的轉變，更加重了空服員這職務的負擔與辛酸。

那為什麼大家仍然是擠破頭地想長翅膀呢？

旅行、Shopping 與身穿美麗的航空制服，無一不是這個行業吸引人的地方。但是如果問我最懷念的飛行生涯是哪個部份，我會說是 crew 與 crew 之間令人感動的相處方式。每次上班的合作機組人員並非固定，就好像是我們不能決定自己的原生家庭一樣，公司已排定的組員並不是自己可以任意調換的。所以上了飛機，關了艙門，我們就是彼此的全部。飛行資歷三年當中，我可以自信的說：99% 的空服員都是善良的，樂於助人，並且對工作是充滿熱忱的。上班不是開 party！雖然專業的航空訓練，讓空服員們練就了一身如同奧斯卡演員般的演技，推起 100 公斤的餐車時，仍能神色自若，笑容可掬。也常因為在時差及水土不服的雙重打擊下，我們互相就像家人般一樣關心是不是吃飽了，睡足了。更常彼此提醒機艙裡很乾燥，記得要多補充水分。團隊合作的精神，在這個臨時組成的團隊裡，隨時都要能發揮得淋漓盡致。

對航空業懷抱夢想的你 / 妳，別再猶豫裹足不前了。想要高薪 get，夢想 get，遺憾 out 嗎？想過著心中嚮往的飛行生活，並同時能擁有一群高空中的 family 嗎？芬妮在此鼓勵任何有空服夢的人，不管年齡、身高、學歷等條件，一定要放膽去挑戰！強力推薦閱讀 Lyna 的這本書籍，開始起身為你的「夢想，出發」。創造一個專屬於你的飛行故事，就從本書開始！

荷蘭航空退役空服員、港籍國泰航空退役空服員／粉專『Passion Your Procession』

近幾年來，各家外商航空在台灣招考次數日益頻繁，航空業的發展也如日中天，這對於懷抱航空夢的台灣考生來說，儼然是已進入了航空業「黃金年代」。

當機會來臨時，你準備好了嗎？

多年的外商航空面試教學經驗裡，常常聽見得到面試機會最後卻落榜的學生說：「我明明做了萬全的準備，也覺得似乎抓到面試的技巧，但我的面試表現怎麼還是不好？」我想告訴各位考生的是：「不是自己覺得準備好就好了。重要的是你必須要努力在正確的道路上。」當你覺得自己花了很大的心力準備應考，卻遲遲看不見自己的成長時，慢慢地，你就會有力不從心、原地踏步的挫折感，進而想要放棄。

Lyna 的這本書，正是一個：當你覺得夢想遙不可及，在追尋航空夢想這條道路上迷失方向時，那個令你重拾信心、不輕言放棄，並指引你準備應試方向的明燈。

對出生於香港，歷經英國殖民地時代的我來說，很幸運地能在英式教育訓練下長大。使用英文來獨立思考、辯論技巧，早在學校教育已有充足訓練。相反地，台灣的英語教育一直都是只著重在充滿選擇題的筆試和作業中學習，因此，我常看到台灣的考生每當使用英文做團體討論及表達想法時，總會顯得吃力。因此，看見本書中提到關於團體討論的對談技巧深感認同，其中像是「不要搶話來說」及「適時的做球讓別人說話」、「反應能力的加強訓練」等重要觀點，都足以顯現你是個注重團隊合作溝通的人的重要細節，值得大家參考學習！因此我很誠摯的推薦此書給正在準備航空面試的應徵者們！

所謂的成功，是你早已做好準備等著機會來臨；只要做好準備，就永遠不怕沒有機會。真心推薦這本書給那些擁有航空夢的考生及還在思索未來的學生們。如同書名所述，在閱讀完本書後，請自信地大聲說出：

我準備好了！夢想，出發吧！

自序

關於創立 UIA

UIA 的品牌意思是 Up In the Air，有「一起飛翔於高空中」的含義。

2013 年，我和幾位航空界的友人在聊天時發現，大家在著手準備空服員考試的過程中有一個共同點：沒有方向。雖然網路上資訊很多，但是內容繁雜且不見得適用每一個人。加上航空公司選擇眾多，每一家的面試流程也不盡相同，死背 A 航空的內容去應考 B 航空公司總覺得綁手綁腳，只能靠自己摸索再逐一修改，或者討教身邊有經驗的朋友。

空服員的錄取率跟公務員一樣低，甚至更難考。因為不只是書面考過就好，還要顧及妝容、髮型、服裝、儀態、應答、多變考題、考官的各種情緒等等，因此，光是「航空面試技巧」這一項，就可以成為一門深入專業的學問。但我常在想，有沒有一個培訓機構可以因材施教？有沒有人可以認真專注把繁雜的資訊更新整理，以利更多對航空業嚮往的學子節省時間呢？走訪過許多航空補習班、空姐教室後，發現很多學員首先遇到的情況就是被收取高額學費，業務甚至有可能要求你購買成套彩妝品、講義、應考服、鞋子或者是網路函授課程等等，在還沒有得到實質的資訊協助與指導之前，就已經被這些商業化的導向給淹沒了，令人不禁乍舌。更別說中南部的考生，還要舟車勞頓往返，解決住宿及交通問題到台北接受培訓。尤其有些學員眾多的補習班採大班制度，無法細節式指導學員；有些補習班採一貫制式的彩妝教學、背稿式的自我介紹；有些甚至還僅是讓學員看影片教學草草了事，教學品質良莠不齊。

當然，也並不是所有培訓機構都這麼商業，還是有很多不錯的培訓中心，但我從中看見一個契機，如果可以結合有能力的講師，設計一套更貼近人心的教育方式，專注教學，把學員當成自己的朋友一樣關心照顧，不推銷商品，讓考生有舒適的環境可以結交志同道合的朋友，品質自己控管，那是不是更棒呢？

一開始我們只是用口耳相傳的方式，在台北用指導會的方式租借教室，或者選擇安靜的咖啡廳指導學員，經營一段時間的耕耘後發現，許多來自南部的學員也有這樣的教學需求，於是幾個合夥人開始籌措資金、開會策劃課程、尋找地點、一點一滴的裝修油漆，在 2014 年底於高雄成立了實體教室「UIA 航空培訓機構」，用顧問式的家教指導方式，讓講師可以更仔細的發掘每一位學員的特質，以幫助他們發揮優點。而且很感謝學員們的鼓勵與支持，這樣的教學方式讓許多學員都很喜歡。UIA的初衷很簡單：用合理的價格，維護好的教學品質，讓學員得到有用的幫助！這樣就夠了。

但我還想做的更多。透過這樣的教學方式，我們更看見了台灣現階段年輕人的問題；想要求職的人，因為接觸到太多網路社群軟體，實際與人應答的自信心明顯不足。而許多大型企業在面試的要求上卻比以往更加提升，這個斷層也是可以透過培訓來解決的。

這幾年的教學經驗下來，發現不少特殊情況學員不敢直視對方說話、講話會口吃，或者緊張得汗流浹背、沒有自信等等，很多案例來自原生家庭及求學過程所發生的問題。這些學員也一樣懷有夢想，也有追求靚麗工作的權利與機會。我培訓過的學員中，有在高中時期因為體型問題長期被霸凌的，也有因為性向不同被排擠的，經過長期的自信心養成，現在在航空公司都有很好的發展。他們的來信感謝對我而言，更是支持我持續堅持這條路的使命感與動力。

尤其用面試空服員的規格來培訓，這樣的高標嚴格程度所培養的面試技巧，更能多元運用在服務業及任何需要面對面的工作職缺，例如台灣高鐵的面試流程、服務運輸業、飯店業、遊艇業，甚至是高端精品接待人員等等。能幫助更多台灣的年輕學子更了解自己，進而找到合適的工作，在不到3%的空服錄取之外，也能在工作崗位上發揮優秀才能。

除此之外，全面的職涯規劃，也是我們很重視的一環。並不是每個人都想要飛一輩子，空服員的體力損耗時間不一，如何讓退役的空服員也能有好的人生規劃與選擇，是UIA未來想努力也不會間斷的目標。

感謝大家一路以來的支持，感謝城邦出版社創意市集願意讓我出版這本書籍，希望本書不藏私的分享，可以協助到在航空大門前迷茫的你／妳。

願我們一起加油！

Lyna

Contents

目錄

CH4 完美應考大作戰

Contents
目錄

Ch5 航空報考 Q&A

CH6 後記—夢想，出發！

Chapter 1
認識航空業

航空業的未來趨勢發展

所謂隔行如隔山，選擇踏入一個行業之前，必須對產業的現況與未來的發展趨勢多做鑽研，才能思考判斷產業特質、發展性是否符合自己的人生職涯規劃，這對未來數年後的你，會站在什麼樣的位置，是極其重要的事。

不管你是想要報考空服員、地勤人員、維修工程人員或是人事主管，凡想要加入航空業，就必須先了解一下近年來的航空產業趨勢。

在國際航空方面，台灣政府在 20 幾年來的輔導與協助下，國內航空產業的製造與維修技術已達一定的水準與品質，成為國際航太大廠的重要合作夥伴。全球兩大民用飛機製造廠商之一的波音公司，其中 B787 和空中巴士 A350 機型中就已採用台灣供應的零組件，預估未來 20 年間全球航空公司更有大約 3 萬多架新飛機的採購需求量，因此全球航空產業市場商機將有一段為時長久的市場榮景（2015-2034），由此也可看出航空產業在世界經濟體系所佔的份量及不可或缺性、未來發展性。

而國內的兩大航空龍頭－長榮與華航，更是對於產業投注不少心血與佈局：長榮航空於 2015 年底與波音公司、奇異航空集團簽約引進 26 架飛機，預計自 2017 年開始陸續交機，於 2022 年全數交付完畢後，將投入中長程航線經營。而華航在 2016 年 3 月舉行的年度展望記者會上也表示，今年重點在強化佈局歐洲航線，包括阿姆斯特丹、羅馬將由中停改為直飛，藉此提升競爭力。未來華航也將擴充機隊，希望未來 3 年內將擠進全球前 10 大航空公司。

從以上這些資訊不難發現，不論是從產業趨勢、國內航空龍頭近年將引進的機隊數量及航點拓展，都可以看出未來相關職缺的需求量。而且除了台灣本土的需求急增，另外也有因大陸產業需求增加，台灣人才被挖角及因為待遇出走的情況發生。因此，人才缺乏所掀起的航空業搶人才大戰，正在如火如荼的進行中。

2016-2017 年 航空職缺預測

近年我被問到的航空問題榜首，不外乎就是：「老師，這次沒趕上今年還會再招考嗎？預計會招考多少名額？」、「老師，錯過這次我是不是就沒機會了？」即便有許多航空補教業聲稱自己有小道消息可以預測出職缺招募，但正確來說，其實不會有百分百精準的職缺預估數字，實際錄取通過受訓的數值，通常都會跟預估值多少有些差距。

職缺需求數字，還是必須仰賴經濟週期，大方向預估即將交付的機隊、新開的航點，以及必須考慮人力的波動，其中包含員工折損率、跳槽率、離職率、新人受訓完成報到率，還有考核成績等數值去浮動計算，當中又有許多無法掌握的風險因素，因此職缺的估算，抓的都是預估值而已。

以未來即將引進的機隊，以及過往的人力折損率，加上市場大環境經濟預估值來看，所有會來台灣招募的航空公司人才職缺，保守計算 2016 年達到 1200 名以上，每年報考人數約在兩萬人左右，但預估 2017 年職缺數據只會攀升，不會減少。職缺攀升的幅度，在客觀地論述下，當然也會受到政治因素影響，若兩岸未來有很多的政策開放支持，大陸籍的航空公司大舉來台招募，那近年內航空人才職缺的數字就不只有成長，而是會倍增。但無論職缺有多少，平均錄取率大約落在 1 ～ 5% 左右，也就是說，1 個職缺可能會有 100 個求職者角逐競爭，100 個職缺可能至少就有 1 萬多到 2 萬名求職者角逐，因此無論職缺

數量多寡，自己的整體表現都必須維持在平均值前 5% 才能成功錄取。

回歸正題，2016 年是嚴峻考驗台灣經濟體制的一年，許多產業緊縮，若想瞄準持續擴張的航空產業，無論你用哪一種方式準備考試，都必須要儘早準備才是上策，才能在招考的機會降臨時，不慌不忙的應對。當你表現優異時，多家航空都同時錄取，你能掌握的便是絕對的主導選擇權，而且多家錄取的資歷，對於往後的人生職涯履歷更能加分。

了解國籍航空、外商航空、廉價航空

報考航空業，必須先了解航空公司的屬性，以下從名詞定義帶大家來認識各家航空公司的介紹。

／ 國籍航空 ／

台灣籍本土的航空公司，俗稱「國籍航空」，像是中華航空、長榮航空、遠東航空、華信航空、復興航空、立榮航空…等等。

／ 外商航空 ／

台灣本國以外的航空公司如日籍、港澳、中東、新加坡、陸籍、歐美國籍等，只要非台灣本土的航空公司，皆稱為「外商航空」。例如港籍國泰、杜拜阿聯酋、日本全日空、新加坡新航、酷航、虎航…等，考上之後需要住在外站* 。

* 外站：即 Out Port。非本國籍的國外航空站。常用來指稱空服員因航班行程所需在外過夜的航站。

／廉價航空／

近幾年興起的「廉價航空」都有以下幾個共同特色：

1. 選擇較冷門的機場以降低稅務成本
2. 航點較少
3. 機型屬於中型飛機
4. 職員年輕化
5. 機上除了座位以外的服務都要付費
6. 機艙廣播詞活潑
7. 嘗試較多元新穎的宣傳方式
8. 為提升銷售營業額，空服可以設計有趣的銷售廣播
9. 超低促銷搶票宣傳活動
10. 員工親友優惠票務活動

• 廉價空服員與一般空服員有什麼不同的特點？

1. 大部份的乘客都清楚服務要付費，包含送餐與飲水、酒精飲料、毛毯、小點心、撲克牌小禮物、泡麵等等，因此不會無止盡的對空服員提出要求，可想而知大量減少了空服員來回在機艙走動的服務量。很多乘客更會選擇一上機就開始休息，不太會與空服員有所接觸。

2. 為提高客戶的消費率，廉航可能會提供香氣四溢的食物來引起購買動機。例如：威航提供鹽酥雞販售，一旦有乘客點餐，可能會因香氣引起其他乘客想選購的欲望。而空服人員在提升食品的銷售營業額上，也會需要設計一些趣味的廣播詞來促銷飛機餐，例如：「香噴噴～香噴噴的雞肉飯出爐囉！讓人食指大動，您想不想品嚐一口呢？」

3. 飛機上的免稅品販售雖然有營業額的業績壓力，但也會有較多獎金，因此在免稅品銷售的業務技巧上相對比較注重。當日航班販售業績第一名的空服員，有可能會獲得由公司提供的業績達標小贈品。（每一家廉價航空獎勵方式不同，但都會鼓勵同仁多販售免稅品！）
4. 乘客大多是為了節省旅費才選擇搭乘廉價航空，因此為了提升業績，必須要採取主動出擊的方式，提供低成本又特別的額外服務，例如：用廣播方式幫乘客在機上進行求婚，或是空服員逐一走秀、帶動舞蹈替某位乘客慶生等。所以成為廉價航空的空服員要展現活潑、有創意的個性，跟傳統航空講求氣質高雅的風格有明顯區隔。
5. 穿著的制服會採用輕便、有活力為主。廉航的制服設計會有類似 polo 衫、褲裝、平底鞋等風格，跟傳統航空的旗袍、套裝制服明顯不同。髮型也不硬性規定必須梳包頭，造型上可以選擇包頭或是俏麗短髮，指甲油的限制也較寬鬆一些。

- **廉價航空／一般航空比一比**

一聽到廉價航空，大家往往會先想到「便宜」兩個字，事實上也是如此。廉價航空的正確說法應為 LCC（Low Cost Carrier）低成本航空，此概念緣起於歐美國家的銷售策略，將營運成本降低，省去一切不必要的費用，成為真正的「低成本」航空。

那麼，低成本航空又與一般航空的差別在哪呢？透過以下的表格大家可以更進一步清楚了解。而且針對大家可能會有的疑問，以下也有 Q&A 問答來說明。

	廉價航空	傳統航空
安全性	高	高
飛機新舊	都是較新的機種★	有新飛機也有舊飛機
服務	分拆選購	全包
機上餐點	未包含在票價內，可選購	已包含在票價內
手提行李	7~10KG 以內	7KG 以內
托運行李	未包含在票價內，去程、回程可分開選購	已包含在票價內
搭乘機場、航廈、櫃台	機場、航廈、櫃台可能不同	主要機場或航廈
報到時間	出發前 60 分鐘左右關櫃	出發前 45 分鐘左右關櫃
準點率	很高★	普通～高
視聽娛樂器材	未包含在票價內，可選購	已包含在票價內
毛毯	未包含在票價內，可選購	已包含在票價內
選位	未包含在票價內，可選購	已包含在票價內
更改機票資料費用	未包含在票價內	已包含在票價內
退票手續費	未包含在票價內	未包含在票價內
最終價格	低★	高

Q&A

廉價航空為何會採用較新型的飛機？成本不會比較貴嗎？

答案是不會。廉價航空對於飛安及機型選擇等條件，都經過非常審慎的評估，而且採用新型飛機因其故障率較低，購置的又都是機種變化不大的單一機種，所以在人事管理與維修成本上相對較低。

準點率為何很高？

根據 2015 年台灣民航局統計，廉價航空準點率約在 87% 以上，有的廉航甚至高達 97%，比很多傳統航空還要高出許多。這是因為廉航班次大多避開了飛航尖峰時刻，而選在較早或較晚的時段起飛及降落，所以準點率才會較高。

既然廉航這麼便宜，那安全性與服務品質如何？

若根據「民用機場客運班機準點率」裡面的「因機件故障導致誤點」比率來看，廉航並沒有比一般航空高，所以安全性是不需顧慮的。至於服務品質的部份並不會比較差或是比較少，只是把服務拆開來另購而已，且廉航的空服人員也與傳統航空公司一樣，必須接受嚴格的專業訓練，並通過考核之後，才能正式在機艙為大家服務。

> 那廉航跟一般航空的差異主要是什麼？

1. 機場、航廈、櫃台可能不同，例如飛機的降落地點可能是在台北松山機場，而不是一般大眾所知的桃園中正機場，航廈也可能與出機口距離較遠。
2. 機上無免費餐點飲料、無免費視聽娛樂、無毛毯、不能選位、未包含托運行李，但上述這些東西都可以另外加購。

綜觀上述，廉價航空與一般航空最大的差別，其實只在於所有服務品項都是一一分開，回歸最原始的銷售法則「使用者付費」，僅此而已。若拿買房子來舉例，地段好、生活機能強、公共設施多、室內寬敞、裝潢氣派的物件當然會比較貴，除去以上所說的設施，房子自然相對便宜的多，但房屋本身安全性及結構不變，依然可以生活、可以住人，如同一般航空與廉價航空的比較差異。

曾經／即將來台灣招募的航空公司

了解了不同航空公司的屬性之後，接下來大家一定很好奇有哪些航空公司會來台灣招考。近年來除了台灣本土的國籍航空職缺需求急增之外，各家新成立的廉價航空、外商航空、陸籍航空也開始來台灣招募台籍空服組員與地勤人員。Lyna 將其依照國籍製作成組織樹狀圖，方便大家清楚了解，也可以多留意這些航空公司的招考資訊。

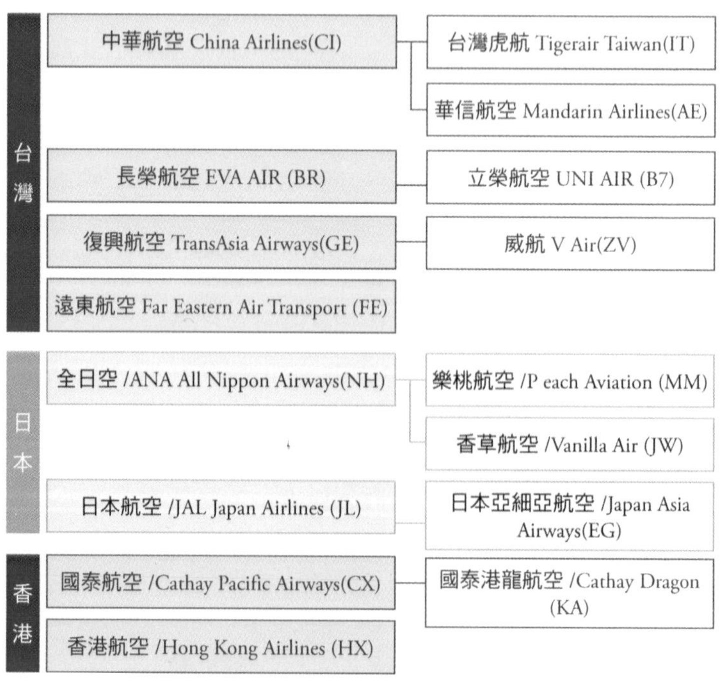

新加坡	新加坡航空 /Singapore Airline (SQ)	欣豐虎航 /Tigerair (TR)
		酷航 /Scoot(TZ)
泰國	泰國飛鳥航空 /Nok Air(DD)	酷鳥航空 /NokScoot(XW)
中東	阿聯酋航空 /Emirates (EK)	
	阿提哈德航空 /Etihad Airways (EY)	
	卡達航空 /Qatar Airways (QR)	
澳門	澳門航空 /Air Macau (NX)	
中國	海南航空 /Hainan Airlines (HU)	
	春秋航空 /Spring Airlines(9C)	
	中國南方航空 /China Southern(CZ)	
	中國東方航空 /China Eastern (MU)	
韓國	大韓航空 /Korean AIR (KE)	
	釜山航空 /Air Busan (BX)	
馬來西亞	亞洲航空 /Air Asia (AK)	
	馬來西亞航空 /Malaysia Airlines Berhad (MH)	
澳洲	捷星航空 /Jetstar Airways(JQ)	

／空服員／地勤人員錄取率／

在上述的這些航空公司當中，有些很多年才會來台灣招募一次的航空公司，都在 2015 年大開先例的舉行了一招、二招、三招甚至四招的考試，讓大家興奮又措手不及。只是，這麼多次的招考，空服員與地勤人員的錄取比例大約是多少呢？

整體來說，每間航空公司都非常熱門，但會依據規模大小與報考人數有些許差異。以「報考人數」對應「錄取人數」而言，雖沒有一定正確的比例，但錄取率大約落在 1% ～ 5% 不等，競爭之激烈可見一斑。尤其透過社群網路資訊，很多人會看見考上空服員的朋友分享受訓以及四處旅行的照片，這種結合工作與旅遊的多元工作形態，也讓越來越多的年輕求職者嚮往，職缺增加了不少，但相對競爭者也增加了許多，因此想要考取空服員還是得準備充足才有機會。

認識星空聯盟

1997 年 5 月 14 日，由聯合航空與漢莎航空這兩家分別來自美國與歐洲的兩大公司，與加拿大航空、北歐航空及泰國航空等五家航空公司宣布成立星空聯盟（Star Alliance），自此便掀起一股國際民航業的合縱熱潮。

聯盟成立的宗旨希望藉由各成員所串連而成的環球航空網路，提供乘客一致的高品質服務，加強並統一各聯盟成員在本地及全球的產品服務。而由五個三角形所組成的星星企業標誌，則是象徵當初創始的 5 家航空公司。聯盟的核心目標在於提高營運效率，致力於提供卓越及創新的服務，有以下幾點共同目標：

1. 共同哩程酬賓計畫 (Frequent Flyer Program, FFP)：只需申辦成員航空公司的獨立長旅計畫中的任何一項，就可將不同航空公司的哩程數累積在同一個 FFP 裡。此外，原本是跨公司的航班，也可被視為在同一家公司轉機，享受更多優惠。
2. 「同一個屋簷下計劃」：聯盟公司成員在主要機場同一個航站樓下營運，可以共用設施，實現資源共享。
3. 隨著全球網絡建立協調一致的定期航班。
4. 單張機票可搭乘聯盟其他航空公司的航班。
5. 協調一致的服務質量。
6. 共同的飛機零組件訂購或租賃。
7. 共用的航線網絡及停機位。

除上述所說，聯盟為了更統一及強調其合作形象，至 2005 年為止總共發展出三代的機身塗裝，並要求聯盟成員底下至少有一輛飛機需塗改機身形式，並標上代表聯盟的五角形標誌。

聯盟發展迄今，已有 28 間公司加盟，其各自擁有獨特的文化及優質的服務方式。連結這 28 位成員形成橫跨全球的航空網路，聯盟位於法蘭克福機場的總部，負責涵蓋 152 個國家，超過 800 個航點的協調、聯繫及合作，其位於洛杉磯的貴賓休息室更被 Skytrax 評選為 2015 年最佳聯盟貴賓休息室獎。(資料參考來源：星空聯盟官網、維基百科、百度百科)

航空界的奧斯卡獎項 Skytrax

Skytrax 是 1989 年創立的一家以英國為基地的非營利性質公司，隸屬於 Inflight Research Services 機構，主要業務為調查及評比航空公司的服務，透過國際旅行的問卷，進而找出現有提供服務者中最佳優質服務。其內容包括最佳空中服務員、最佳航空公司、最佳航空公司酒廊、最佳機上娛樂、最佳膳食等，以及其他與航空公司相關的服務意見調查。此外，該公司的研究內容主要提供英國政府參考，便於政府制定適當的航空交通政策，例如他們曾向英國上議院提出一份有關飛行及健康研究報告，足見其公司研究的公信力。

Skytrax 與一般市場研究公司不同，它所提到的專業知識與經驗已經達到獨一無二的水平，所涉及的市場研究皆是經過嚴謹的技能評比，其結果非常地精準；他們的網站設有航空討論區，開放讓所有國際旅客評等及分享旅行經驗，除了提供其他旅客參考之外，亦藉此來進行服務調查、機艙檢查，及滿意度調查等等。雖然，Skytrax 內部設定有一套評估標準，用來評估所有航空公司的星等，不過這套評估標準僅來自於網站上所有旅客的評比統計，並非依據任何國際認可的準則來決定。

Skytrax 最廣為人知的，就是一年一度舉辦的「年度全球最佳航空公司獎」和「年度全球最佳機場獎」。2015 年由卡達航空奪得年度全球最佳航空公司獎，新加坡樟宜機場則是拿下年度全球最佳機場的殊榮。在 2013 年的時候，阿提哈德航空連續兩次在 Skytrax 世界航空獎中，獲得全球最佳航空頭等艙獎，阿提哈德航空首席商務官 Peter Baumgartner 表示：「能再次贏得頭等艙獎項的最高殊榮，是阿提哈德無比的榮耀！同時也證明了我們公司所提供的尊榮服務與產品，是航空業界的翹楚。」由此可見，全球的航空公司及機場將 Skytrax 視為至高無上榮譽，每年都會努力爭奪。(資料參考來源：維基百科、百度百科)

一秒搞懂空服員的工作內容

空服員的職業為什麼如此吸引人？尤其是當大家聽到「空姐」這個名詞的時候，總是與氣質優雅、擁有亮麗外貌、可以到世界各地旅遊等美好想像連結在一起。實際上，空服員除了在機上以親切笑容提供乘客完善服務與餐點膳食之外，更重要的使命其實就是「維護乘客的安全與急救」。因為在三萬英呎的高空中，沒有警察、沒有消防隊員、沒有醫護人員、沒有保全，遇到任何危險或突發狀況時，第一時間乘客能依賴的就是空服員的沉著應對，藉由其專業訓練帶領乘客安全落地。

／ 空服員的使命與任務 ／

安全及緊急救援的情況大致可分為以下幾大項：

Evacuation 疏散

當遇到任何緊急的情況，飛機必須要著陸時，空服員最重要的一件事就是操作機艙內的逃生系統，在第一時間打開機艙門，讓乘客可以在短時間內以「Slide 救生滑梯」逃生。如果是在水上迫降，則需要打開「Slide raft 救生艇」讓乘客搭乘，並且將救生艇盡可能地與機身分離。

Fire fighting 消防

遇上火警時，空服人員需要操作 BCF 滅火筒、清水滅火筒，同時要戴上氧氣保護面罩。如果是其他特殊情況引燃的火警，例如鋰電池著火，則需要使用另一種滅火器。

First aid 急救

空服人員需要修讀一系列常見疾病的醫學知識與應對急救措施，例如：心臟病、癲癇、休克症狀等等。遇到乘客需要急救時，空服員必須施以人工呼吸、心肺復甦術 CPR，以及操作 AED 自動體外心臟去顫器…等等。熟稔護理相關專業知識的空服人員，在機上常扮演救人一命的重要角色。必要的時候還必須協助接生。

Handcuff 防身術

一旦有乘客失控，做出不理智危害其他乘客或組員安全的行為時，空服員會以團隊策略形式一起制伏失控乘客，維護機上其它乘客安全。因此，需要學習自我防衛及手銬運用，甚至有航空公司在訓練時還會加入基本的防身術、搏擊術、詠春拳術等等，以備不時之需。

Bomb handling 炸彈處理

空服員需針對炸彈劫機事件做出立即的應對、找到炸彈裝置的確切位置，並對其執行後續處理程序與安頓作業。

Dangerous goods 危險物品管制

空服人員對於危險物品的定義、認知、種類，在判別上要特別敏銳，立即判斷哪些危險物品是一定必須托運不能帶到機艙中，才能把意外事件的發生機率降到最低。

以上涵蓋了緊急救援、消防、危險預防、警察維安等等諸多專業領域，都是空服員必須要有的專業知識與素養。每年航空公司都會有年度複訓，對此重新考核檢驗，以確保在線上的空服員能符合公司釐定的專業標準。

除此之外，空服人員還必須熟悉在機上的膳食服務、服務顧客等概念與技巧、支援團隊合作、特殊情況判別處理，以及面對各種預期外的特殊狀況應對等等，發生意外時還要扮演救護的角色，這幾乎是全方位的專業培訓，誰說空服員只是穿得漂漂亮亮的高級服務生而已？千萬別再對空服員這份職業有所誤解喔！

空服員的機上廚房 Galley

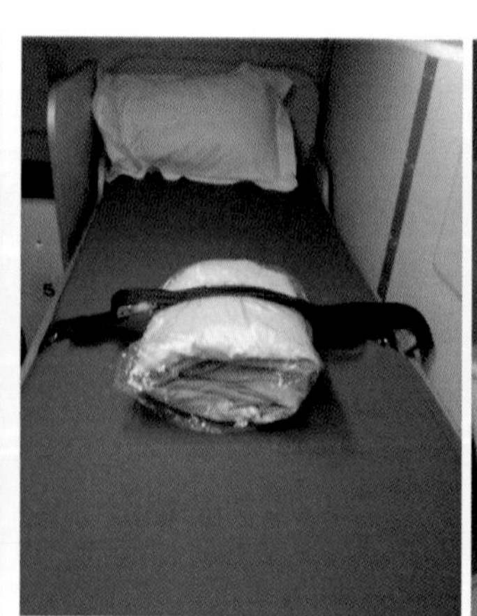

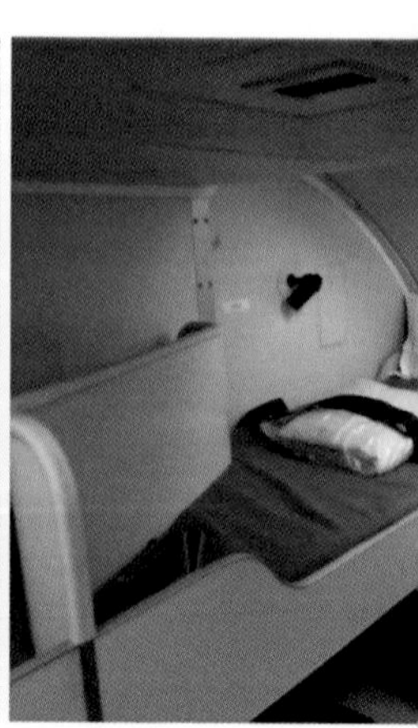

空服員休息區

/ 空服員薪資與福利 /

相信報考空服員的考生，應該都很關心各家航空的薪資行情，以及空服員究竟有哪些福利。以下 Lyna 為大家整理了幾家常見的招考航空公司資訊，讓大家可以更清楚了解。

國泰航空			
底薪	約 9000(HKD)	基本飛時	70hr
平均飛時	70~80hr	飛行加給	超過基本飛時後 108(HKD)/hr
外站津貼 (allowance)	依公司規定各地區給予津貼不同	薪資（第一年月薪）	約 6 萬 5 千元 (TWD)
員工福利	1. 住宿津貼（目前為 8 年） 2. 有薪年假 21 天 3. 無違約金 4. 年終獎金及年度分紅 5. 銷售獎金（商品總銷售額的 3.5%) 6. 健康保險（一年可免費在香港的指定診所看診 10 次） 7. 一年兩張 FOC[*1] 機票（只需付機場稅）及無限次港龍 / 國泰折扣機票及 ZED[*2] 和 Oneworld 合作公司的優惠票 8. 親屬優惠機票：4 人為限，優惠價格與組員相同 9. Companion 票：朋友或男女朋友皆適用，限 1 人，提名一期為兩年（即兩年內不能更換人選），優惠價格與組員相同		

[*1] FOC：即 Free Of Charge 機票。只需收機場稅的優惠票價機票，常為空服員福利之一。

[*2] ZED：即 Zonal Employee Discount。是自家航空以外提供的一折票，算法是以哩程來計算。只要自家航空與他家航空有簽約，就可以開立這種票使用。

阿聯酋航空			
底薪	約 4260(AED)	基本飛時	80hr
平均飛時	80~120hr	飛行加給	60(AED)/hr
外站津貼 (allowance)	依公司規定各地區給予津貼不同	薪資 (第一年月薪)	8 萬 ~10 萬 (TWD)
員工福利	1. 住宿費全免、交通車及洗衣費 2. 年假 30 天 3. 一張免費年假來回機票 (包含轉機機票，不用付機場稅)，另外有無限次 ZED 及一折機票 4. 親屬票 5. 每年 15 張朋友優待機票，價格約官網一半 6. 年終獎金及分紅		

卡達航空			
底薪	約 4300(QAR*)	基本飛時	80 hr
平均飛時	100hr	飛行加給	45(QAR)/hr
外站津貼 (allowance)	依公司規定各地區給予津貼不同	薪資 (第一年月薪)	約 7 萬 ~8 萬 (TWD)
員工福利	1. 住宿費全免及交通車接送 2. 年假 30 天 3. 每年一張免費機票不限目的地 (限自己公司航線) 4. 無限張一折優惠票 5. 三餐補助 6. 每年 15 張親友票 (僅限 QR network)，不限朋友或家人 7. 一進公司先給 2000(QAR) Welcome Bonus 8. 年終獎金及分紅		

* QAR：即 Qatari Riyal Rates。卡塔爾利亞，幣別的一種。

中華航空			
底薪	約 25000TWD	基本飛時	60hr
平均飛時	80~90hr	飛行加給	以 60hr 計算：10737 元 / 月，50 小時應稅。
外站津貼 (allowance)	飛機離地後至飛機重返中正機場之間的外站津貼每小時 US$2 元	薪資 (第一年月薪)	約 5 萬 ~6 萬 (TWD)
員工福利	1. 免稅店員工價 2. 員工票 (員工本人及直系親屬)：正式員工算起半年可開 ZED 票，依各航空公司計價方式不同，約六折 3. 無接車者公司補助 60 TWD/ 天 4. 三節 / 年終獎金及分紅		
備註	1. 60-75hr，正式員工 355 元試用期間 240 元 2. 75hr 以上，正式員工 570 元試用期間 385 元		

長榮航空			
底薪	約 28000TWD	基本飛時	80hr
平均飛時	80~110hr	飛行加給	130 元 /hr
外站津貼 (allowance)	飛機離地後至飛機重返中正機場之間的外站津貼每小時 NT$60 元	薪資 (第一年月薪)	約 5 萬 ~6 萬 (TWD)
員工福利	1. 長班來回後會有兩天休假 2. 受訓期間免費食、宿 3. 員工優待機票 (每年得依公司規定，申請本公司國際定期航線班機免費或折扣機票搭乘；另得申請與長榮航空簽約聯盟之其他航空公司折扣機票) 4. 免稅店員工價 5. 三節 / 年終獎金及分紅 6. 免稅品銷售獎金 7. 年終評比名列前茅者可獲頒獎及豐盛獎品 (Ipad、名牌包等)		

薪資參考		
分類	航空名	平均實領薪資參考（低標）
國籍航空	中華航空	5萬~6萬
	長榮航空	5萬~6萬
	復興航空	4萬5起
	遠東航空	4萬5起
	立榮航空	5萬起
	華信	5萬起
	威航	5萬起
	虎航	5萬起
外商航空	阿聯酋	8萬~10萬
	卡達	7萬~9萬
	國泰	6萬5起
	港龍	6萬起
	香港航空	6萬起
	澳門航空	約6萬
	新航	8萬以上
	全日空	約6萬
	JAL	約6萬
陸籍航空	海南	約7萬
	春秋	5萬起

蒐集於世界各地住宿的飯店房卡，也是身為空服員的福利之一。只要跟飯店詢問是否可以留作紀念，通常飯店都很樂意讓貴賓帶走。

親屬福利不僅止於給親屬？！

身為空服員的親屬可以獲得折扣機票的福利是大家眾所皆知的事情，但是如果非直系沒有血緣關係的男女朋友、好朋友，是不是也可以獲得這樣的福利呢？答案是：yes ！

有些航空公司確實有這樣的非直系親屬享有折扣票的福利制度。Lyna 就很榮幸的被幾位好友列入福利名單中，不少知名航點都可以用便宜的價格搭乘。像是 2016 年 4 月 Lyna 遠赴英國參加摯友的歐式花園婚禮時，就順道替自己規劃了一程歐洲短旅遊，從高雄飛往香港轉機再飛往巴黎。在巴黎旅遊的這段假期，除了在友人的攝影工作室拍了不少時尚街頭寫真之外，也在莊嚴的古堡拍下非常好看的藝術照。還造訪了凱旋門、羅浮宮等景點，品嚐了知名甜點店 Angelina 的法式點心。白天悠閒的在咖啡館喝咖啡放空；夜裡在巴黎酒吧啜飲紅酒；清晨在鐵塔旁留下照片紀念。之後再轉飛倫敦參加好友的婚禮。

在英國的期間，除了精緻浪漫的婚禮行程之外，我也安排了歌劇、血拚、大笨鐘、倫敦眼等著名景點。CP 值超高的龍蝦餐、優雅的英式下午茶等等，Lyna 全都沒有錯過。最後還飛往義大利威尼斯，在這個全世界最美的水都，體驗貢多拉上水手們的熱情，還戴上了黑色蕾絲面具，大口吃著義式冰淇淋，超級過癮！最後一天從米蘭飛回台灣，結束這 15 天精彩的歐洲旅程。

能夠擁有這趟值回票價的旅行，就是拜空服好友們的福利招待所致，讓 Lyna 才花了約新台幣兩萬多元左右的機票錢，

就能夠踏遍香港、巴黎、倫敦、威尼斯、米蘭等城市。甚至回到香港機場後還退了不少機場稅，將這些優惠再拿去買免稅品饋贈給親友。不知道這樣能出國增廣視野，並且造福親友的福利，有沒有讓各位想考空服員的你心動了呢？

有開放非直系親屬的航空公司	
台灣本土廉價航空 V air	有開放給非直系親屬的免費票，名額有 5 位，只需要支付稅金，但需要有組員本人陪同。
卡達航空	享有 buddy ticket 的福利，每年開放 15 張一折或五折機票給非直系血親的朋友使用。限搭乘卡達的航班，但不需要組員本人陪同。
國泰航空	Companion 名單以兩年為一單位，開放給非直系親屬 1 名。只要是國泰港龍的航班都可以享有一折票福利優惠。
阿聯酋航空	15 張不限直系親屬的五折福利票，可以任選阿聯酋驚人的航點數量（2016 年高達 150 個以上的航點），感覺想飛再冷門的地方都可以享有優惠。

／ 空服員的排休班表大解密 ／

每家航空公司都有不同的排飛班表與休假狀況，無法一一論述，Lyna 選了一間外商航空班表來作為範例講解，讓大家更進一步了解空服員的休假狀況，一探大家最想知道的休假與飛行時數、航點及月薪津貼。

DATE	DUTY	SD	SECTOR		AC TYPE	DUTY START	DEP TIME	ARR TIME	DUTY END
1-Mar-16	G								
2-Mar-16	G								
3-Mar-16	G								
4-Mar-16	G								
5-Mar-16	0173		HKG	ADL	33K	1730L	1857L	+0505L	+0535L
6-Mar-16									
7-Mar-16									
8-Mar-16	0174		ADL	HKG	33K	0527L	0635L	1412L	1442L
9-Mar-16	G								
10-Mar-16	0390		HKG	PEK	773	0730L	0920L	1239L	
11-Mar-16	0391		PEK	HKG	773		1436L	1823L	1853L
12-Mar-16	G								
13-Mar-16									
14-Mar-16	0293		HKG	FCO	77G	-2310L	0058L	0827L	0857L
15-Mar-16	0292		FCO	HKG	77G	1140L	1235L	+0527L	+0557L
16-Mar-16									
17-Mar-16	G								
18-Mar-16	G								
19-Mar-16	G								
20-Mar-16	G								
21-Mar-16	G								
22-Mar-16	0695		HKG	DEL	33E	1615L	1745L	2125L	2155L
23-Mar-16	0698		DEL	HKG	33E	2145L	2245L	+0655L	+0725L
24-Mar-16									
25-Mar-16	G								
26-Mar-16	G								
27-Mar-16	G								
28-Mar-16	0892		HKG	SFO	77G	1715L	1845L	1620L	1650L
29-Mar-16									
30-Mar-16									
31-Mar-16	0893		SFO	HKG	77G	0020L	0120L	+0640L	+0710L
1-Apr-16									

班表上顯示的航班地點機場英文代碼全世界通用，
在網路上皆可以查詢。

以這張班表上所看到的「G」，指的就是保證休假，總共有14天的額度。這保證休假的日子裡，你可以開開心心的和家人朋友出去吃飯逛街看電影，隨心所欲安排自己的假期，完全不用煩惱上班的瑣事，也不用怕臨時被公司Call回待命，不同於一般上班族，這些休假真的就是休假！不用回主管的LINE、沒有責任制需要趕工的任何報告，可以徹底讓身心好好放鬆休假一天！

至於其他英文代碼及數字，代表的是飛行班號、飛行出發地、目的地和表定任務開始與結束的時間。以這份班表最後一個航班892為例，當天任務開始報到的時間為下午5點15分，也就是說空服員要在這個時間坐在會議室裡開飛行簡報會議，出發地點為HKG（香港）、目的地為SFO（舊金山），抵達的時間為美國當地時間同一天的下午4點20分。一落地後，接駁車會送組員前往約三、四星級的飯店住宿，然後主管會發放房卡及零用金allowance。以這個航程為例，空服員大約會領到約新台幣1萬5千元左右的零用金。

接下來的兩排空格，代表的就是那兩天為空服員在當地的「自由活動」時間。大家常看到臉書上有些空服員會在世界各地旅行打卡，就是利用這段時間出去玩拍下的喔！

第三天的回程報到時間，按照表單上註記即為美國當地時間凌晨0點20分，出發地為SFO（舊金山）、目的地為HKG（香港），抵達時間為香港當地時間隔天凌晨的6點40分。另外，在班表上的最後一個時間，也就是降落後的半小時時間點又是什麼呢？答案是：在送所有乘客下機後，空服員例行安全檢查的時間。在確定沒有遺落的行李及沒有被放置任何爆裂物等所有檢查之後，就可以準備出關下班囉！

以這張國泰航空的班表為例，光是保障休假「G」加上在國外的自由活動時間，一個月就有整整 18 天的休假時間！而國泰組員平均每個月都約有 12-14 天左右的休假，加上每年另享的 21 天有薪年假，難怪有這麼多人嚮往這種上班時間與休假彈性的行業。據我所知，在休假加上換班的結果之下，目前有人最高紀錄曾月休 22 天呢！

而且同樣以這張班表來看薪資結構，若以剛入行不久的新人職階計算，包含了地面時數、飛行時數、底薪、外站津貼（零用金）加總後，薪資大約落在新台幣 9 萬元左右，是不是很令人羨慕呢！這也是有許多人喜歡選擇外商航空報考的原因。雖然住宿的部份公司每月會給予約台幣 3 萬 8 千元左右的住宿津貼（只有前 8 年提供，第 9 年後自理），讓外站空服員可以用補助在香港租到電梯高樓景觀兩人房，但香港當地相對消費也很高，所以能否存到錢還是因人而異。

開心航班與外站優惠行程

在空服生涯裡，最讓我印象深刻且最開心的班機，是一班飛往澳洲凱恩斯的航班。因為來到這裡，你可以到距離凱恩斯只有 2 小時車程的世界七大奇景之一「大堡礁」去玩，而且我們在當地停留時間有整整三天，也就是在這三天裡你可以盡情地享受日光浴、在沙灘上和朋友烤肉、打排球，盡情的在湛藍海洋探索美麗的珊瑚礁和海洋生物，夜晚還可以到附近的酒吧小酌，體驗當地人下班後的優閒生活，最重要的是，這三天公司還發給我們約台幣近 2 萬元的零用金，讓組員可以在當地消費。

而且在大堡礁的探索旅遊行程中，從專車接送、午餐下午茶、船費、浮潛設備租借等林林總總費用，也有超划算的優惠價，僅需約新台幣 600 元，價格優惠到讓我都吃驚不已，還偷偷打聽別團的大學生行程花費，結果居然要新台幣 7000 多元，差距超大。

在那次的航班任務中，除了有很好的優惠及放鬆行程之外，最開心的莫過於整趟航班的組員都很好相處，不管玩什麼都可以很盡興。其中一個晚上包括機長、座艙長等全體組員十幾個人，我們還一起坐在沙灘上看夕陽，讓海風吹拂著頭髮，度過一個舒服又充滿歡笑的夜晚，至今仍是我飛行生涯裡難忘的一段回憶。

／空服員職業優缺比一比／

每個職業一定有其優缺點，究竟很多人趨之若鶩的空服員職業又有什麼樣的優缺點呢？Lyna 也幫大家整理出誘人優點的排行榜前六名，以及這份職業的缺點。在選擇工作之前大家一定要有深入的了解才會比較客觀，以免日後才後悔莫及。

• 空服員優點排行榜

1. 休假天數較多

休假與傳統產業比較起來相對來說是比較多的，平均休假有 8-14 天，年假則有 7-21 天起（依各家航空規範有所不同）。上班時間彈性，以飛行時數計算薪資，平均基本飛行時數為 60-80 小時。不過依據淡旺季及組員人數不同，飛時破百在某些航空公司也是很常見的情況。

2. 起薪相較一般行業高

空服員的薪資架構大體為：底薪＋飛行時數＋地面時數＋飛行津貼＋外站津貼＋年終獎金＋其他福利津貼。以上的薪資架構每間公司雖有不同名稱，但總體來說月薪換算成台幣國籍航空平均約台幣 4-6 萬之間，外商航空則有台幣 6-8 萬左右。有些國籍較遠的外商航空，核算台幣月薪在 8-12 萬左右。以目前台灣大學畢業平均起薪 22K 來說，空服員的薪資相較來說優渥不少，如果善於理財與投資，可以較早累積到第一桶金！

3. 員工福利機票 & 親友機票

空服員除了自己本身航班會飛行到不同地點以外，也可以運用休假開折扣票或免費機票（只需要支付稅金）出國旅遊！除了自己以外，直系血親也有相同的福利，甚至有開放非直系血親的友人名額。例如港籍國泰航空有一個名額可以開放給自己的朋友（不論是夫妻、男女朋友或是好友都可以），享有 26 趟的一折 ZED 票，而台灣的廉價航空威航也有 5 個朋友名單，可以共享有 20 次的折扣機票。

4. 踏跡全球 & 開拓國際視野

趁年輕時踏遍世界各地，留下難忘的照片與回憶，是許多人對空服嚮往的主因。旅遊的同時也能培養國際觀，也有機會結識來自世界各地的友人，只要情感聯繫維護得宜，以後到各國都有朋友可以照顧陪伴，這是一般沒有出國經驗的人比較少有的機會。

例如杜拜的阿聯酋航空在全球六大洲總共有多達 140 個以上的航點，組員的國籍也多達數十種，所以在工作的同時能接觸不同語種與文化背景出身的外籍同事，跟著公司的航點飛行多年，自然也就等於環遊世界了。

5. 靚麗頭銜

大家對於空服員的頭銜還是抱持有美麗的幻想，覺得這是光鮮亮麗的職位，這樣的視覺印象從早期的車掌小姐延伸到空中變成「空姐」或「空少」，在氣派的機場長廊上優雅地拖行著行李箱上下班，總是成為眾人的目光焦點！

6. 設計款制服

許多航空公司對於制服的要求都非常講究，例如維珍航空即力邀龐克教母 Vivienne Westwood 設計英式時尚空服制服，制服發表會宛如一場時尚盛宴。國籍航空的中華航空公司，也聘請美術設計大師張叔平設計了新款改良式旗袍制服，引發熱烈討論話題。而長榮航空的蓬蓬袖 Hello Kitty 圍裙，更是許多少女為之瘋狂的可愛搭配；新加坡航空合身的南洋風格沙龍服，更是可以展現女人的身材曲線，而男生的制服也是筆挺西裝材質，相當帥氣。

無論是哪一間航空公司，對於制服的剪裁是否高雅、質料挺拔？是否可以顯示身材？都有一定高度的標準！即便是廉價航空的制服，也有俏麗活潑（台灣虎航）、桃色繽紛（樂桃航空）、潮流防水登山系列外套（威航）的設計。如果將各家航空公司的制服集合在一起，真的就像是一場空服時裝大秀呢！

（圖片來源 /beautimode.com 網站）

- **空服員不為人知的辛酸面**

即便是絢麗的鑽石，用十倍放大鏡去看都會有瑕疵物，端看你用什麼樣的深度去看它。空服員亮麗外表下其實隱藏著容易被忽略的辛苦，現在帶著大家一起一探究竟。

1. 需高度維持身體健康

空服員要能夠克服時差，在飛到不同時區的時候，才能養足精神出去玩。因此保持體力、養成運動習慣、多吃有益身體的鮮蔬跟喝水，維持身體健康是空服員需要面臨的第一個課題。

除此之外，不確定的因素還有因為天候異常而造成的航班 delay，導致班表行程延宕，也須配合公司要求配班。有時還會飛到一些凌晨 12 點以後才起飛且當天來回的航班，空服員必須撐著疲憊的雙眼服務旅客直到天亮，才能拖著疲憊的身軀準備下班，也就是俗稱的「紅眼航班」。

2. 隱藏的職業傷害

空服員因為要一直保持微笑，所以容易有皺紋，因此空服員之間也常分享保養秘方。在飛機上，免不了要幫乘客抬重物，手腕與膝蓋使用過度也是空服常見的職業損耗。其他常見的職業病，如女生容易因為作息不正常而導致內分泌失調、免疫系統低落；以及高空飛行可能累積較高的輻射量，因此提高罹患隱藏疾病的風險。

3. 必須學習與寂寞做朋友

經常飛來飛去的空服員，不像一般職業的上下班時間，因此與另一半約會時間有限，需要非常多的溝通與協調才能夠維繫感情，以維持遠距離戀愛的模式。另外，由於一人隻身在外，因此也要擁有面對孤獨的獨處能力。

4. 環遊世界的夢想不易

並不是所有空服員都可以環遊世界，假如你選擇的航空公司只有飛行國內或是大陸往返的航點，那麼旅遊各國的夢想就沒有想像中容易了。

5. 團體生活須用心維繫

由於空服員來自世界各地，尤其國際航空公司組員國籍更是多元，因此團體生活的人緣維繫相當重要，可能因為一個誤會、一個口氣就影響了情誼，加上人多的地方容易有流言蜚語，要有好的應對智慧才能在團隊中和大家和諧共處。

（圖片來源 / 長榮航空官網）

空服員的學長姐制度嚴重？容易被排擠？

舉國泰航空為例，組員國籍包括香港、台灣、日本、韓國、泰國、馬來西亞、印尼、印度、菲律賓、斯里蘭卡等。由於空服界本身就是個文化大熔爐，組員之間對彼此的文化都抱有相當高程度的尊重，排擠之類的事情在空服界已經很少聽聞。卡達航空就更不用說了，他們家的空服員甚至來自全世界一百多個不同國家，一趟航程飛完之後，下次再跟同一批組員遇見的機率非常低，下了飛機結束忙碌勤務後，下一趟航程又是新的開始，哪有時間排擠組員呢？！

Lyna 任職於荷蘭航空的友人也曾跟我分享大部份外商航空公司（尤其是歐洲體系的航空），同事之間彼此非常尊重，即便有不同的看法也會採取引導問句的方式，例如資深空服員不滿意你的眼影顏色，他會說：「你怎麼會選擇這個顏色的眼影呢？我對於你的想法很好奇呢！」來取代「你不該用這個顏色的眼影」這樣的命令式語句。假若新進同事做事效率不如資深前輩快速，前輩也會用：「有什麼地方我可以協助你快速上手呢？」這樣的溝通方式來代替指責。有智慧的溝通方式，往往會讓同事之間相處更融洽且有效率。

不過，雖說如此，但是旅外組員還是要有具備融入當地文化的能力。有新加坡航空的組員曾向我透露，為了要融入當地的文化，建議剛考上的美眉執勤時可以慢慢學習新加坡式的口音，她說當時剛受訓時不懂得這些眉角，用美式的英語發音反而被學姐給狠狠賞了一個白眼，覺得新人在賣弄英文能力。因此有時為了要跟當地的資深人員快速拉近距離，融入當地的口音也許會更容易取得她們的好感喔！

關於被學長姐排擠的問題，我反而比較常聽到的是資深空服朋友跟我說，現在的年輕小朋友真的很幸福，除了公司有很好的培訓環境之外，空服學長姐制的氛圍比起早年已經不復見，反而是新人不適應在受訓期間被退訓的案例時有所聞，或者是上線後態度太隨便被公司裁員的。他們其實都很希望新人能夠快速上手，幫忙這些資深學長姐們分擔工作壓力呢！ Lyna 覺得，既然踏入了職場，只要願意學習職場倫理，以及慢慢培養職場上的交際智慧，保持正面積極，相信不論在哪個產業都可以不用擔心排擠問題，快樂工作！

亞洲空服員與歐美空服員的差異

亞洲航空業的優良品質聞名全球，無論是服務、制服改良、行銷話題、周邊商品及飛機餐點等等，都越來越特別也令人印象深刻。例如 Air Asia 會提供日本傳統小吃改良款的水信玄餅來跟上流行話題；土耳其航空連經濟艙都會提供拖鞋與過夜包；阿聯酋在台增設新航點時也引起台灣媒體爭相報導，機上華麗的吧檯照傳閱分享次數也因此屢創新高！引起熱烈討論的越捷航空比基尼空姐、中國許多新崛起的航空公司等也都躍進了世界排名，在眾多方面表現優秀。而台灣的兩大龍頭長榮航空、中華航空，不論在代言人、新機種與新航點等，曝光噱頭近年來都有濃厚的比拚企圖。無論是傳統航空或是廉價航空，亞洲的航空公司都相當具有特色，因為競爭激烈的關係，各家航空對於空服員也非常要求，除了外貌之外，服務顧客的態度也在一定水準之上。

然而，歐美的空服員素質又是如何呢？在 Lyna 多次的旅程中發現，美國的空服員年齡層老中青三代都有，甚至可以看見不少「空嬤級」的空服員。例如美加航空的空服都以中年歐吉桑、歐巴桑為主，但即便他們身材發福，也樂於任職空服這項工作。歐法籍的航空通常以輕熟女階層為主，偶爾會有年輕面孔，但比例不高。但這樣的現象，也可看出歐美國家對於空服員的福利制度相當有保障，資方能確保勞方的工作權利，對於年齡性別沒有歧視。

不過，以身為乘客被服務的經驗分享，美國籍的空嬤空服員給我的服務感受都是非常彪悍，我記得有次搭乘時，飛機餐發放的是只用著紙包裝的堅硬漢堡，連盤子都沒有，空嬤用力地將漢堡「扔執」給旅客，讓我像棒球壘手般吃驚地接下漢堡！還有一次搭乘英籍航班的經驗是，由於航程較短，我想要購買金額不大的免稅品，於是空服員竟直接告訴我短程航班沒有販售免稅品，而且航程中也沒有出餐。對照同樣時程的航班，港龍航空的空服員在忙碌的供餐、飲料、收拾餐盤之餘，時間其實已經很不足夠了，我非常不好意思的鼓起勇氣向空服員詢問幫友人代購的免稅品，即使看得出空服人員非常忙碌，但他們仍熱心的過來幫我服務。如此迥異的服務精神，難怪我的異國友人總是對亞洲的空服服務讚譽有佳。

為什麼歐美跟亞洲的空服員風情會如此不同呢？答案就是文化差異。以全世界的航空來說，飛安執行以嚴謹出名的前三名國家就是德國、荷蘭、英國，而港籍的國泰航空早期屬於英國殖民統治的關係，因此飛安嚴謹傳統延續至今也仍廣受好評。在歐洲文化認知中，空服員是非常專業的職業，是飛機上的保全、警察及醫療協助人員、緊急事件排除的專業人士，並不是空中的餐飲服務生，因此，任何與安全有牴觸的，一律都以安全為優先，服務相對來說就成了第二順位。所以搭乘歐美航班的時候，對於空服員的服務若不如亞洲空服員熱情，不需要感到意外，而應該將注意力放在他們對於安全的嚴謹，這份專業其實很值得讚賞。就像某次我搭乘歐洲航空公司時，因為自己擺放行李不小心，險些被摔落的行李砸傷，匈牙利籍的帥氣空少敏捷的迅速幫我一臂擋掉危險免於受傷，讓旅程不會因負傷而影響。事後我也寫了張小卡片感謝他，謝謝他為了維護乘客安全所做出的危機處理，這一點，也是身為空服員所必備的特質喔！

一秒搞懂
航空地勤的工作

機場地勤人員有分行政內勤人員與運務員，一般泛稱在機場 check in 櫃檯的接待及登機口查驗的人員，都是地勤人員。工作內容大多如下：全球航點協助乘客櫃檯報到、機票資料與證照查驗、劃位派發登機證、行李秤重與托運安排、通關上的協助、登機的服務、緊急狀況的處理、失物尋找及 VIP 貴賓室服務…等等。

地勤的面試流程與空服並沒有大太差異，略有不同的是，部份航空公司的地勤招募流程比較精簡，不像空服員這麼繁複。但是在英文筆試及英文能力測試上，近年有提高條件的趨勢。地勤考題也有：中英文履歷自傳審核、走台步唸短文、英文筆試測驗（選擇題與申論題）、適職測驗、打字操作、小組討論、情況題型、主管討論等。不過因為本書的重點以空服員為主，這裡就不再詳細說明。

／ 先考地勤再轉空服員會比較容易？ ／

空服與地勤這兩個職務雖然說都是服務旅客，協助其達成舒適愉快的旅程。但在實際執勤上可以說是兩套完全不同的工作內容，因此受訓的內容也大不相同。站在公司立場，培養一名人力十分不容易，從受訓到上手、再到穩定、進而能達到高效率的應對服務品質，需要花很長的時間與成本。因此航空公司並不樂見職員在短期內想要轉跳。

所以無論你要空服轉地勤、地勤轉空服，一樣要按照正常的考試流程，重頭報考。並且很多航空企業有相關明文規定幾個月內若有投考該航空空服職缺，則禁止報考該公司的地勤職缺。

Lyna 建議大家在投考之前先謹慎思考自己想要的是什麼，了解空服與地勤的差異後，評估自己的條件狀況，再進行報考。這樣在準備上面也會比較精準！

Chapter 2
航空招募情報與條件

航空招募流程

航空公司主導每次招募流程架構的，大多是 HR 人力資源部門。當公司編列職缺需求缺口後，會交予人力資源部門來招募，例如需要增加日文專長的組員、有護理背景的組員、或是有空服相關經驗的人力等等。當然，有時也會單純招考應屆畢業生，認為這樣的新人比較好管理與培訓。每一次的招募需求都不一樣，考題內容也會依照職缺需求去做調整。從面試的日期設定、人數安排、編列排序、考試流程與考題等等，人力資源部門大多都擁有決策的權力。

因此，航空公司的考試流程不像國家考試一般，不會永遠適用一套制式的流程。而且近年因為大量外商航空及廉價航空的加入，因此考題也越來越活潑與生活化，靈活不斷變化的考題，是未來的甄選趨勢。例如 2016 年初，首次來台招募空服員的「NokScoot」酷鳥航空（新加坡與泰國合作的廉價航空）面試流程關卡就分為五關：第一關審核履歷資料後，需要先通過線上測驗，再依測驗成績取前 100 名應徵者參與後續的面試。面試流程又分有四個關卡：現場筆試、於指定主題內自由發揮、全程英文團體討論，以及最後一對一的複試。最後的複試需要英文自我介紹，且考官會提出各式情況案例，要求面試者說明解決方案。

如上所述，各家航空考題與面試方式越來越活化，但由於應考的人數眾多，大部份的航空公司甄選還是有一套基本流程：

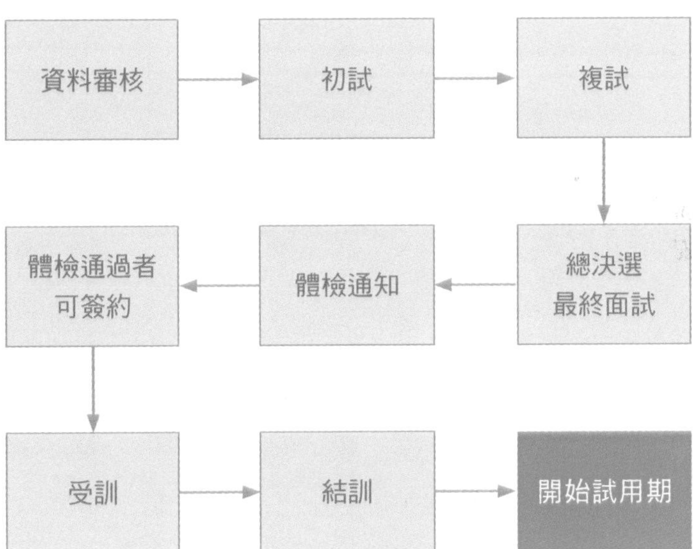

航空招考流程簡章分享

2016 年 2 月開航台北—杜拜直飛航線的阿聯酋航空，是中東第一家直飛台灣的航空公司。近年來他們更新增了不少機隊，包括 2015 年 15 架、2016 年 21 架 A380，以及 2015 年 11 架、2016 年 16 架波音 777S，阿聯酋航空積極拓展航點與增開航班的野心，不難從引進機隊數量看出。未來將會有多少小紅帽空姐的職缺需求可想而知。

（圖片來源 / 阿聯酋官網）

在這個單元裡，Lyna 就以現在很熱門，到處在世界各地招募空服員的阿聯酋航空為例，讓大家先初步了解一下航空公司的招募流程。

面試招募的方式分為 Open Day（也就是俗稱的 Walk-in Interview）開放式招募，以及 Invitation only(需收到邀請函才可以參與面試)這兩大類。但無論是哪一種方式，想要加入的考生都可以先從準備 CV* 以及符合中東妝感的面試履歷照片開始，並確認自己墊腳是否可以摸高到 212 公分。

* CV：Curriculum Vitae 的縮寫。即英文的 Resume（簡歷）。但寫法有些許不同。

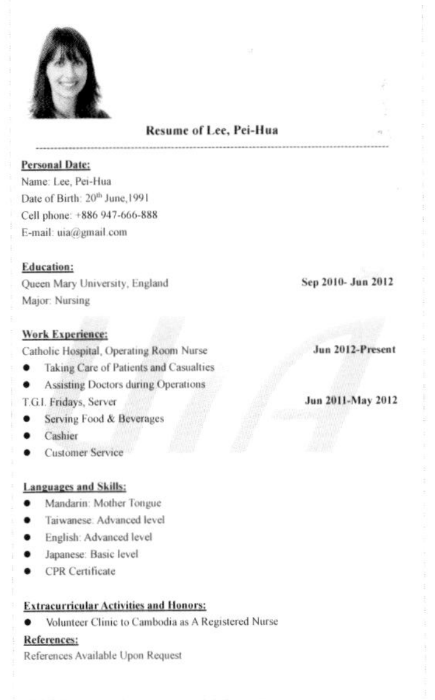

Resume of Lee, Pei-Hua

Personal Date:
Name: Lee, Pei-Hua
Date of Birth: 20th June,1991
Cell phone: +886 947-666-888
E-mail: uia@gmail.com

Education:
Queen Mary University, England — **Sep 2010- Jun 2012**
Major: Nursing

Work Experience:
Catholic Hospital, Operating Room Nurse — **Jun 2012-Present**
- Taking Care of Patients and Casualties
- Assisting Doctors during Operations

T.G.I. Fridays, Server — **Jun 2011-May 2012**
- Serving Food & Beverages
- Cashier
- Customer Service

Languages and Skills:
- Mandarin: Mother Tongue
- Taiwanese: Advanced level
- English: Advanced level
- Japanese: Basic level
- CPR Certificate

Extracurricular Activities and Honors:
- Volunteer Clinic to Cambodia as A Registered Nurse

References:
References Available Upon Request

- **考試流程**

1. 繳交符合公司規定的資料。在等待的時間，公司會播放阿聯酋航空的介紹影片，讓考生更認識公司。
2. 待考官審核考生資料完畢後，現場告知發放複試邀請，也有些人是當天下午或晚上才收到複試的通知。
3. 小組團體討論：每組會從考官那邊拿到一張小卡，上面會寫一個職業的英文單字，每組的每個人必須針對這張卡討論出 3 個想法，接著每個人都要站出來發表。這階段結束後，每組會再發一張卡，是以往考試曾出現過的生活用品圖片，接著每組要把此圖結合前一個職業的單字，想出一個有創意的點子，最後由其中一人做最後結論（考官指定）。全部結束後會請考生們暫時到外面等候，結果會在 5-10 分鐘後公布，有號碼的代表留下，其他則為遺珠。過關的考生就可以去摸高，單手墊腳若無法摸到 212cm 也視同淘汰。
4. 下一關我稱其為「大主題團討」，多年來最常見的考古題為發放一張大卡片，如果考生們為郵輪公司的經理，因為系統超賣問題，總共有八組客人但最後只能挑兩組客人上船（例如：百萬富翁、旅行社人員、NBA 球星、新婚夫婦、抽到免費券的客人…等等）。

以上題目每組共 10 分鐘，每組約 15 人，共三組，考官會坐在考生的對面看討論過程。結束之後考官（約三位）一人角色扮演沒被選到的客人，總共挑三位考生演 scenario。本次團體討論之後，考官會再刷一次人，留下的考生可以參與英文筆試，筆試時間約 1 個小時。

5. 通過筆試的考生，恭喜可晉級參加 final interview，考官二對一進行履歷上的資料與職場能力面試。有時候可能遇到口音很重的考官，考生專注聆聽很重要。

6. 順利通過面試的考生，需要稍作等待，考官會將資料傳到總公司，等待上級做最後確認。沒問題的人就可以參與體檢，等待受訓。

由於考官是飛來台灣面試，因此整個面試流程不會拖太久的時間，以上流程約在 3 天到 1 週內完成。全程英文面試，因此強化自身聽力與敘述能力很重要，進而修飾自己的用詞及提升自己對時事的敏感度。另外，培養流暢的溝通能力與積極態度也是非常重要的喔！

阿聯酋的航點高達一百多個，並且持續增加中，每次航班遇到的空服員都來自世界各地，一起工作的空服員有不同腔調、口音與不同的文化背景，因此要能快速在短時間內記住組員並保持敏銳度是基本的工作能力要求。

- **各家航空招考流程**

卡達航空招考流程		
	關卡介紹	備註
Open day	1. 繳交 CV &Cover Letter* 2. 大頭貼、生活照及相關證件 3. 考官可能會問問題 4. 繳交完會通知有無過關	考官會全程觀察
初試 (Assessment Day)	第一關：介紹公司及觀看影片 第二關：英文筆試 第三關：題目卡發表 (可能有也可能沒有) 1. 兩或三人一組 2. 抽完題目卡敘述及發表個人意見 3. 此關卡會進行摸高測試 第四關：團體討論 1. 約 10 人一組 2. 討論時間 20 分鐘 3. 指派或推派人選做總結 4. 過程中考官都在打分數	曾經有過沒有團討就結束的考試
複試 (Final interview)	1. 2 對 1 2. 考履歷問題或生活問題 3. 總考試時間約為 30 到 40 分鐘 4. 考完後考官會再做儀態檢查	

* Cover letter：自我推薦信。通常與 CV 一同繳交給應試的航空公司。

阿聯酋航空面試流程		
	關卡介紹	備註
Open day	1. 繳交 CV、照片及相關資料 2. 繳交資料時考官可能會問問題	1. Open day 整天都需要保持儀態 2. 若是有通過，當天考官會親自打電話通知
初試 (Assessment Day)	第一關：公司介紹及福利制度 第二關（摸高）：需摸到 212cm 第三關（小組討論）： 1. 3 或 4 人一組 2. 依照題目卡上指示討論 3. 每個人都需要發表意見 第四關（大團體討論）： 1. 以正方反方辯論模式進行 2. 討論完需推舉代表闡述結論 第五關（英文測驗）： 1. 考試時間 1 小時 2. 文章填空，閱讀能力等 第六關 (Case study)： 1. 10~15 人一組 2. 會有團討或角色扮演	1. 摸高有可能會跟小組討論一起進行 2. 小組討論或大團體討論每個人都需要發表意見，否則考官無法評比 3. 第五關必須待考官改完試卷後公布進入下一關的人選 4. 第六關主要針對個人特質及臨場應對能力 5. 第六關結束後考官會宣布進入 Final interview 的人
複試 (Final interview)	1. 確認繳交資料有無從缺 2. 以一對一聊天方式進行 3. 面試時間約為 30~40 分鐘	1. 考官會針對履歷進行詳細問答 2. 最好用實際例子回答

全日空面試流程		
	關卡介紹	備註
第一天	第一關（繳交 CV& 量身高） 1. 繳交 CV 及照片 2. 量身高 第二關（團體討論） 1. 15 人一組 2. 討論時間 5 分鐘 3. 推派代表作總結 4. 題目多為生活或狀況假想題	團體討論完後會宣布晉級名單，晉級者會填寫制式履歷表、回家填寫的線上測試以及接下來三天的面試流程
第二天	第一關：心理測驗 第二關（英文測驗）： 1. 英文閱讀測驗 2. 英文作文 3. 英文 / 台語廣播詞 第三關（團體討論） 1. 15 人一組 2. 考官會指派人做總結 3. 針對結果問問題或採互相辯論方式進行	廣播詞會輪流一個一個出去唸
第三天	英文聽力測驗及公司介紹	
第四天	英文面試 1. 7 考官對 1 考生 2. 英文自介 30 秒 3. 英文回答問題	問題包含 CV、個人特質、工作經驗等履歷問題

國泰航空面試流程				
		科目	重點提析	考官考生比
第一關	面試	小組討論	要考你的英文表達能力，考官也會觀察你在團體裡扮演的角色。通常若考官主動徵求自願者做組長或做總結，一定要把握機會，當個主動又會尊重、照顧別人的人！	1:20
第二關	面試	辯論 角色扮演	測表達能力、思考能力。 這部份是台灣學生非常需要練習的地方。你是否有自信用英文回答上述問題呢？	1:10
第二關	筆試	類似 toeic 多益的英文聽力、閱讀、寫作題目	基本測驗英文能力	1:1
第三關	面試	圖文 說故事	展現你的幽默感、對時事的了解及航空公司的了解。	
第三關	面試	個人履歷表面談	主要針對你的工作經驗、個人特質、興趣、是否適合空服員工作，對空服員工作的了解聊起。	1:1

澳門航空面試流程		
	關卡介紹	備註
初試	第一關(繳交資料 & 公司簡介 & 摸高): 1. 身分證、通知單及相關證件 2. HR 會介紹公司制度、福利及考試流程等相關資訊 3. 脫鞋可墊腳單手摸 206cm 第二關(團體面試): 2015 年版本: 1. 10 位考生 v.s. 4 位考官 2. 英文自介 3. 需提及姓名、學業及工作經驗 4. 擁有第二外語者會唸一段廣播詞及自介 2014 年: 1. 15 位考生 v.s. 3 位考官 2. 3 分鐘與旁邊的應試者認識,結束後要介紹他為何適任空服員 3. 題目應答 (3 分鐘的思考時間與 1-2 分鐘的回答時間,答案需要其他應試者不同)	4. 摸高會先以雙手摸,如果雙手摸不到才會用單手摸高,但會被做記號 5. 第二關在 2015 年及 2014 年時面試題型完全不同,須注意 6. 初試完成後會請考生至外面等待可進入複試的名單
複試	第一關(筆試): 1. 英文測驗 2. 選擇題 & 閱讀問答題 第二關(團體討論 & 辯論): 1. 隨機細分 5-6 人一組 2. 討論時間 3 分鐘 3. 以辯論方式進行 4. 辯論時間 5 分鐘 5. 推派 1 人總結 第三關(中英文面試 & 量身高) 1. 量身高而不是摸高 2. 4 位考官 v.s. 1 位考生 3. 繳交資料卡 4. 針對 CV 及資料卡上做詳細的問答	1. 最後面試完成,澳航有指名一定要去網路上看最後結果 2. 考官會問考生知不知道澳航只飛亞洲

酷鳥航空面試流程		
	關卡介紹	備註
線上履歷篩選及 video interview	第一關：線上履歷篩選 第二關： 1. 適職測驗、英文測驗、數學測驗、組員情境題 2. Video interview	1. 通過履歷篩選後才會進到第二關 2. 第二關是由考官寄 Email 在家線上做測驗 3. Video interview 共回答三道題目，每題有 30 秒思考時間，一分鐘作答
初試 (Day1)	第一關（量身高）： 1. 脫鞋量 2. 檢查身上有無疤痕或刺青 第二關（英文測驗）： 1. 英文邏輯測驗 2. 同義詞 / 反義詞 3. 作答時間 15 分鐘 第三關（即席演說）： 1. 抽題目卡 2. 一分鐘思考 3. 一分鐘上台演說 4. 約 8 人一組 第四關（團體討論）： 1. 6~8 人一組 2. 情境題討論 3. 討論時間 20 分鐘 4. 推派 1 人做總結	1. 對 160cm 的身高量測非常嚴格 2. 即席演說不能先看題目卡 3. 即席演說切記不要跑題，最好能表達自我特質、團隊合作，甚至是與酷鳥航空做連結 4. 團體討論不可太出鋒頭或不發一語，記得展現落落大方的儀態，及面對問題的組織力
複試 (Day 2)	Final interview 1. 一對一面試 2. 情境題問題 3. 履歷及相關經驗問題	

新加坡航空面試流程			
	科目	重點提析	備註
第一關	團體面試	1. 10 人一組 2. 30 秒自我介紹 3. 考官宣布題目後，每個人依照順序發表言論。	1. 一定要在服裝儀容和儀態下功夫，自介要 focus 在特別的人生經驗和工作經歷，以及想成為新航空服的原因。考官的問題主要想觀察考生的應對，可以帶點創意回答，表現出自我特色和大方自信的談吐很重要 2. 第一關結束後，考官會請考生至外面等待，沒有過的人會發還履歷，有過的人會去下一個等待區等待
第二關	小組討論	1. 2 位考官 v.s. 6 位考生 2. 簡單的自我介紹 (30 秒內) 3. 小組討論 4. 英文短文或朗讀稿	1. 小組討論會將 6 位考生分成兩組進行 2. 討論時間會在 1-2 分鐘，討論完畢後會要求每一位都要發表結論 3. 此過程有點類似國泰航空的辯論方式，但過程較為輕鬆
第三關	摸高 & 英文筆試	1. 摸高 208cm 2. 筆試有填空題及閱讀測驗	

新加坡航空面試流程			
		重點提析	備註
第四關	中英面試	1. 2 位考官 v.s. 1 位考生 2. 履歷及其延伸問答 3. 新聞短文或報紙朗讀（中英文）	1. 就像是外商航空的 final interview 2. 考試過程約在 30 分鐘 3. 非常喜歡針對繳交過去的 CV 來做提問，主要是為了瞭解個人經歷及特質 4. 回答方式最好能以具體例子來闡述
第五關	試穿制服	試穿制服檢查儀態	1. 穿上制服後會做 360 度無死角檢查 2. 從膚質、外表、疤痕等所有身體細節全部都不會放過

海南航空面試流程		
	關卡介紹	備註
第一關	形象初選 1. 10 人一組 2. 沒有自介或講稿 3. 確認長相、皮膚、牙齒等 4. 面帶微笑眼睛看前方	1. 大陸航空公司對儀態及外表檢查非常嚴格 2. 有瀏海會叫考生把瀏海翻起來，檢查手心手背等 3. 考官會靠得非常近檢查外在
第二關	中文團體討論 1. 6~10 人一組 2. 兩分鐘看題目即進行討論，之後才進行團體討論 3. 推派 1 人做總結	1. 題目會放在位子上 2. 考試過程考官會一直注視大家，盡量多發言，展現個人特質 3. 考完後會到場外宣布晉級下一關的名單
第三關	英文面試 1. 3~5 人一組 2. 英文自介 3. 履歷問題或是 free talk 4. 面試完畢會進行適職測驗 摸高 1. 男生不用摸高，女生才要摸高 2. 212cm	1. 也有不用自介，採一個問題請大家輪流回答的模式 2. 皆以聊天方式進行 3. 參加完英文面試後就會發一個表格，表格上有打好的面試分數 4. 當天晚上就會有簡訊或電話通知有無通過
第四關	中文面試 1. 10 人一組，4 位考官 2. 面試前會請大家穿上海航制服 3. 自介＋抽問題即興演講 2 分鐘 4. 也有 free talk 的模式	1. 自介會計時，時間到會直接打斷 2. 結束後男生會被聞體味 3. 大家都講完後，考官會開放問問題 4. 下午場會挑選穿制服畫面並給媒體拍照 5. 心理測驗會在試前或試後測驗，要記得帶筆 6. 面試後會拍全身照 7. 無論有無通過，結果會在一至兩週內公布

華航面試流程		
	關卡介紹	備註
初試	第一關：繳交資料 1. 大頭貼 2. 畢業證書 3. 英文成績單 4. 服裝儀容檢查 5. 摸高 (208cm) 6. 貼黏編號 7. 發英文朗讀稿及台步進場 第二關： 1. 8 人一組 v.s.4 人考官 2. 走台步進場 (ㄇ字型、迴紋針、S 型) 3. 中文自介 30 秒 4. 英文朗讀稿 (也可能跟華航雜誌無關) 5. 回答問題 6. 退場 (會有指定方向)	1. 資料不能遺漏，否則喪失考試資格 2. 自介須注意時間，有出現過計時 3. 華航考試內容較為多變，唸廣播詞的關卡也可能改成隨意問答或自我發揮題型 4. 華航考試切記一定要聽清楚考官指示
複試	第一關： 1. 查驗繳交資料 2. 拍照 第二關： 1. 電腦適職測驗 (10 分鐘 120 題) 第三關： 1. 5 or 6 考生 v.s. 6 位考官 2. 中英文自介 3. 中英台語回答問題 4. 團討 or 狀況任務考題	1. 電腦測驗需把握時間，題目多為直覺作題 2. 複試題型常有團討 / 辯論 / 比手畫腳 / 叫賣等變化性較大的題型

華信航空面試流程			
	科目	重點提析	備註
第一關	繳交資料 & 摸高	1. 持通知單給警衛才能進去。繳交資料的教室會有投影片，上面會寫著待會面試的題目 2. 摸高後會分組拍照	
第二關	儀態 & 短文朗讀	1. 約 5~7 考官 v.s. 8 位考生 2. 進場走台步（迴紋針 or ㄇ字型） 3. 中英文短文朗讀（朗讀內容不一定跟航空相關）	短文約 A4 紙的寬度；中文大概 2 行以內，英文就是中文翻譯的英文版
第三關	核對 & 等候面試	1. 核對資料 2. 報到區的投影幕簡報，有先說這次有產品介紹 30 秒 3. 調查表填寫及拍照	
第四關	銷售力	1. 6 位考官 v.s. 5 位考生 2. 販售商品試驗＋腦筋急轉彎 3. 30 秒介紹商品時間（須把考官當客人） 4. 腦筋急轉彎問題大多為中文，且隨機抽問	

台灣虎航面試流程		
	關卡介紹	備註
初試	第一關（廣播詞） 1. 8 人一組 2. 中 / 英 / 台語廣播詞 3. 時間限讀 3 分鐘 第二關： 走台步（繞場一圈）	考完會以 email 通知
複試	第一關（分組拼圖）： 1. 每組 8 人進行拼圖遊戲 2. 拼圖時間約 10~15 分鐘 第二關（中英文面試）： 1. 8 人一組 2. 進去前先抽撲克牌號碼，號碼代表題目 3. 中英文各一題	1. 第一關會淘汰將近一半的人數 2. 抽完撲克牌要進去之後才能看

<table>
<tr><th colspan="4">復興航空面試流程</th></tr>
<tr><th></th><th>科目</th><th>關卡介紹</th><th>備註</th></tr>
<tr><td>第一關</td><td></td><td>資料繳交</td><td>初試當天繳交資料如下：(請依序裝訂)
1. 工作申請表：申請表正本(含照片頁)，請於申請表指定欄位簽名
2. 學歷證書：畢業證書影本一份；應屆畢業生請提供大四在學證明。有國內學歷者，須備妥畢業證書；有國外學歷者，畢業證書需經教育部或駐外機構認證
3. 體檢初檢證明：公、私立醫院或診所體檢證明一份，含身高、體重、視力等檢驗項目
4. 英文鑑測成績證明
多益 TOEIC：550 分以上；博思 BULATS：40 分以上；雅思 IELTS：4.0 分以上；托福 TOEFL iBT：57 分以上
101 年 1 月 1 日 (2013.01.01) 後取得上述英文鑑測分數之成績單或證書影本一份
5. 退伍令(男)：退伍令、除役、免役或待退等相關證明文件影本一份
6. 身分證：身分證影本一份、正本備查</td></tr>
</table>

復興航空面試流程			
	科目	關卡介紹	備註
第二關	面試 & 筆試	1. 考官五人 2. 走 U 型場 3. 每人 30 秒鐘中文自介 4. 摸高 208cm(不墊腳) 5. 筆試： a.30 分鐘共 20 題 b. 數學及邏輯測驗 c. 英文測驗	1. 有位考生被問面相 2. 復興筆試問題多在航點、相關機型、航空業知識及復興航歷史等等 3. 英文測驗有選擇題及克漏字填寫 4. 68 期沒有筆試測驗
第三關	線上測驗	通過前面關卡後，會請大家在網路上做測驗	
第四關	英文面試	1. 考官 1 人對考生 3 人 2. 英文短文朗讀及延伸問題 3. 英文自介 20 秒 4. 中翻英 or 英翻中	
	中文面試	1. 考生 5 人對考官 5 人 2. 團體討論 (在外面先分好組) 3. 推派 1 人總結 4. 履歷及延伸問題 5. 面試結束後考官會問需要簽約 3 年的意願	1. 團體問題： a. 飛機上有 80 歲老人嘔吐該如何處理 b. 乘客趕著下飛機要趕燙衣服怎麼辦

長榮航空面試流程		
	關卡介紹	備註
初試	第一關（廣播詞測驗） 1. 英 / 台語廣播詞 2. 5 人一組 第二關（小體檢） 1. 量身高 160cm 2. 膚質檢查（包括戴手錶的地方等等） 3. 新增將行李放置到行李櫃項目 第三關（筆試） 1. 適職測驗 30 分鐘 2. 心算 10 分鐘	1. 一開始從長榮報到就一直注意儀態及笑容 2. 廣播詞唸完後有通過者會拿到一張 A4 大小紙張，拿到半張或沒有即為沒通過 3. 心算部份題目較為複雜，但切記是求對不求多
複試	第一關（中英文面試） 1. 中英文自介 2. 題目卡 3. 圖片描述 4. 考古題 5. 履歷問題 第二關（大體檢）	1. 複試的中英文面試沒有一定順序，所有階段均為混合 2. 有通過第一關中英文面試者才會到大體檢關卡

威航面試流程		
	關卡介紹	備註
	線上履歷審核	
初試	第一關(自介及走台步): 1. 走台步至定位 2. 自我介紹 20 秒 3. 抽卡片回答問題 第二關(電腦筆試) 1. 性向測驗 2. 需在時限內完成	1. 卡片問題有 10 秒鐘思考時間，30 秒作答 2. 第二關電腦測驗會在家裡做線上測驗
複試	第一關(英文面試) 1. 一對一或多對一 2. 英文短文 3. 基礎問題 第二關(團體討論)or(推銷商品) 團體討論: 1. 介紹同組組員且不限表達方式 2. 15 分鐘認識組員 3. 8 分鐘討論題目 4. 討論完每人分享 30 秒 5. 推派 1 人總結，時間一分半 6. 個人履歷問答 7. 個人才藝表演一分鐘 推銷商品 1. 不限時間及不限表達方式 2. 自我介紹 3. 個人履歷 4. 推銷商品 第三關: 體檢及綜合評估	1. 複試場合威航董事長可能會出現 2. 第一關英文面試題目可能為你最喜歡的電影是?你做過最瘋狂的事情是?... 等諸如此類 3. 團討或推薦商品都有可能發生

考場與考官配置分析

在面試過程中，考官的人員配置每間航空公司有所不同，但大多會是航空職級較高的高階主管、人力資源主管或董事，搭配資深座艙長與機師教官來擔任考官，對考生進行面試。每一個關卡的考官配置人數也都不同。例如海選時多位考生對多位考官；複試時五位考生對兩位考官；最後複試一位考生對一位考官等等。

考官也會有所謂黑臉白臉的戰術搭配，面試官可能會表現出嚴厲、處處刁難的樣子，也有可能會對考生慈眉善目、親切地雙向溝通，用各種方式去了解考生的真實特質。多變的因素會造成各種情況都有可能發生，考官情緒會影響考場氣氛，但也能考驗考生的應變能力。所以把所有問題作充足準備，才能夠臨危不亂，不被考官情緒影響表現，也能避開如機器人般的緊張制式回答。

航空招考審核條件

通常會依照學歷條件、語文能力、身高、年齡、性別、特殊專長、其他要求（醫護專長、其他語言、役畢等）…等條件來招考。以下針對各項條件來做細項說明。

- **語文能力要求**

a.「國籍航空」大多要求有英文檢定成績，以多益成績 500-600 分為門檻（其他可認證英檢證照有博斯、全民英檢等）。大部份的國籍航空都會要求英文檢定成績，少數航空公司只提出「有英文檢定成績尤佳」的條件，但通常是飛離島大陸線為主的國籍航空才會比較寬鬆。

Lyna 小叮嚀

TOEIC 測驗費用約新台幣 1800 元左右（閱讀聽力測驗），每年招考 12 次（每個月一次，需提早報名）。測驗時間與成績放榜週期約落在 25 日左右。另有針對航空公司召開的專案考試，成績會較早公佈。

b.「外商航空」通常不需檢附英檢成績，直接在面試考場全程以英文面試。所以即便沒有英文檢定成績，只要敢說，能夠順暢表達都可以報考。

- **年齡要求**

每間航空公司會依據當年度的需求招募人才，外商航空公司通常要求年滿 21 歲。Lyna 必須要誠實的告訴大家，年齡數字錄取的黃金年齡層落在 21-28 歲，但很多人常問我：「30 歲以後還有機會考上嗎？」答案是肯定的，因為近年很多航空公司都有錄取最高至 35 歲的案例，甚至有外商航空至 38 歲仍錄用的案例，所以超過 30 歲想考空服員的人，千萬別自我設限，有夢想就去追吧！

Lyna 建議大家只要能表現出較優秀的經歷與能力，盡可能在面試中展現對機艙服務有利的專長，就有機會獲得考官的青睞。其實有些考官偏好成熟穩定且有活力朝氣的輕熟男、輕熟女，更有研究指出，到達一定年齡層的求職者，會更清楚了解自己的選擇，並較能在工作中擅用所長，待人處事也相對圓融，這或許也是考官看上你的優點喔！

- **身高要求**

現在航空公司鮮少明訂身高限制，但在面試的時候會有摸高或小體檢量測身高的關卡。摸高的高度約 208-212 公分，現場會要求脫鞋、單手／雙手摸高。有些航空規定一律不可墊腳，有些則是女生可墊腳、男生不可墊腳，觸摸至指定高度即可。例如阿聯酋航空摸高 212 公分，國泰航空摸高 208 公分，長榮航空需現場將小行李抬至指定高度放置，遠東航空摸高則是以現場機艙繪製圖的指定高度。（摸高的要求航空公司每次招考規範大致相同，但也有調整條件的案例）。

雖說現在大多取消身高限制，但近年仍有外商廉價航空招募組員要求身高需滿 160 公分的案例。比較嬌小的女生建議可以長期透過拉筋或做瑜珈，來增加肢體的延展程度。

- **學歷要求**

通常需要有大學畢業、大專以上學歷或高中職以上畢業學歷。但航空公司不會說的潛規則是：太高的學歷有些航空公司不錄用。部份航空公司只要求到高中畢業即可，但錄取的大多還是大學畢業或大學同等學歷者居多。

- **性別要求**

在機艙服務中，常會遇到需要協助旅客搬運重物，或者應對突發喝酒鬧事、性騷擾的乘客等情況，因此航班中有男性機組員的話，其實會讓女性同事感到安心。機艙上的男女空服人員比例，亞洲區航空大約是 2:8，外商航空則是約 3:7 左右。

現在大部份的航空公司男女皆可應試，空服員不再是只屬於女性的名詞。不過也有些航空公司至今仍無錄取男性空服員的紀錄。據 Lyna 所知：綠地球航空、泰國酷鳥航空目前只錄用女性空服員，至於未來會不會開放，我們就一起期待吧！

很重要的一點是，男生報考空服員一定要役畢或是免役。如果是免役者，有時也可能被要求說明免役的原因。當被考官問起時，盡可能誠實的回答，並清楚表達免役的原因不會影響飛安並可勝任空服員一職，若是身體因素導致，則需佐證現在身體為健康的狀況。

- **其他要求**

因應航線需求，有時航空公司會招募具備特殊語言能力的組員，例如有日韓語言專長。在國際航線較多的航空公司，擁有除英文之外的第三語言專長是非常加分的，例如：日語、韓語、法文、西班牙文、德文、粵語等等。

至於台語講得好會不會加分呢？目前只有台灣國籍航空會在面試中穿插台語考題，但是比重偏少，主要是看考生是否具備用台語溝通的能力。其他會加分的專長為：有護理背景、醫療急救相關證照、救生員執照等。

航空公司有特殊的招考喜好樣貌？

常有傳聞說：長榮喜歡好媳婦的長相、華航喜歡高瘦美豔型、外商航空喜歡豔麗東方臉型、威航喜歡健康活力類型、遠東喜歡空服員有小清新瀏海、新航喜歡身材凹凸有緻的空服員、國泰不挑身材外貌，只看重個人特質等等。關於空服員樣貌的傳說很多，但是打破傳說案例的事實更多。

Lyna 曾經看過一名身高將近 180 公分，與另一名身高 158 公分的女生同時考進位於中東的阿聯酋航空，所以說空服員外型有一定的標準嗎？答案是沒有的。會根據航空公司當時的人力需求不同，以及考官當時的標準（所謂的考官緣）而產生差異。

不過，不同航空公司重視的「考生特質」的確會有所不同。例如有些航空很介意考生身上的疤痕；有些航空不喜歡錄取太高學歷或筆試成績最頂尖優秀的考生；有些航空公司從不錄用男性空服員；有些航空公司很重視面試者穿著休閒式服裝的身型（因為制服都一個樣）；有些航空特別喜歡錄用應屆畢業生等等。這些特殊現象是在整體比例上做出的概率統計，但並不代表百分之百絕對。

另外，據航空業界內部消息情報透露，在遴選人才的時候，有些看起來很有可能會跳槽到別間航空公司的考生，考官們也會很聰明的跳過不錄用，因為不想浪費彼此的時間。因此，如果有些航空公司你怎麼考也考不上，也許正說明了你跟他們公司所需求的特質不同；並不是你不夠優秀，而是或許你會更適合其他公司也說不定呢！

不要再一味減肥了！保持勻稱健康體態才是明智的應考之道

沒有一個老闆喜歡身體虛弱、看起來瘦弱的員工吧？！尤其在需要熬夜排班的空服職業領域裡，健康的身體比什麼都還要重要。如果你的身形太過薄弱，反而會讓考官思考是否適合長時間執勤呢！

面試空服員的體態可以參考 BMI 值試算，建議落在 18-22 左右。而且無論身高高矮，女性考生體重盡量不要低於 45 公斤，男性考生則不要低於 55 公斤為佳。曾經有一位學員在新籍航空的面試關卡勇闖到最後時，在更換制服的時候因為體態過瘦，無法呈現貼身制服的曲線，因而錯失了錄取的機會，非常可惜與扼腕。

另外，除了體態之外，「無瑕的肌膚和乾淨的指甲」也是考官現場面試時會注意的項目。畢竟空服員是個相當重視門面的行業，從醫學的角度來說，膚質在某種程度上也能呈現出身體狀況的好壞，所以，如果有疤痕的話也要注意盡可能自然地遮瑕。曾有學員面試中東籍航空，在審查身體時，考官於近距離觀察後，把他身上的某個疤痕在評分表上圈起來，並且用英文畫圈註明「狗咬的疤痕」，當下他只能帶著這個記號在考場上繼續參與面試，引起不少目光，非常尷尬。

認識違約金

航空公司培訓一位空服員的成本其實很高，受訓時間從十幾週到兩、三個月不等。期間需要用到的場地、模擬設備、器材、專業師資人力與水電宿舍津貼、薪資等等，雖無法逐一精算，但要把沒經驗的新進人員，培訓成一位合格的空服人員，真的需要高昂的成本。

有些公司會採自訓或委託專業機構代為培訓，無論是哪一種方式，都有成本的考量。因此，大部份航空公司都會設計一個違約賠償機制，如未滿合約上載明的任職年限而提前解約者，需賠償公司一定比例的費用，也有依據年資遞減的賠償制度，以及有先扣款直至期滿發放，類似儲蓄概念的制度等等。違約金的設計目的除了成本考量外，當然也是希望可以讓應聘者更確認了解自己即將選擇的工作行業。

當然，也有完全不收取違約金的航空公司，因此建議大家在投考每間公司之前可以先做好功課。面試官偶爾也會抽考問考生「是否知道公司的違約金機制？」這個問題曾在 2016 年復興航空二招的複試中出現。

至於，該怎麼回答才是好答案呢？ Lyna 認為要讓考官知道你清楚明白這個機制，而且可以接受即可。曾經有學員俏皮的回答：「請問考官，為什麼公司只採三年的合約，請問我想簽五年可以嗎？因為我想在貴公司做很久！」這樣可愛中帶有爭取職位的幽默回答，讓現場所有人都笑了，當然最後也順利錄取了。

Chapter 3
報考前的準備

空服員 報考入門

在資訊爆炸的時代，關於航空報考的資訊，網路上資源非常豐富，很多熱心的在職或退役空服員，都很願意分享自己準備面試的經驗給需要的朋友參考。這對毫無頭緒的考生在面試準備上有很大的幫助。

不過，Lyna 從過往的經驗發現，網路上資源雖然多，但就行外人來說卻有點雜亂。對想入門卻毫無頭緒的人而言，消化這些繁複的內容相當耗時，畢竟每個人的成長背景、學經歷各不相同，外貌條件也不一樣，在口條應對與儀態表現能力上也各自有先天的優勢與不足。因此，雖然網路分享資訊可以協助大家準備方向，但面試技巧還是必須得靠自己勤加練習，加上每年的考題都有變化，所以，成功還是需要一步一腳印的準備。

在報考空服員之前，有一件最重要的事就是：先檢核自己的各項條件是否符合門檻標準，接著才是進入各項考試的準備流程。如果你對航空報考一無所知，就從以下資訊開始了解著手吧！

Step1

了解各航空公司的航點 / 薪資 / 文化 / 福利制度

Step2

從中找到自己最理想的首選航空公司

Step3

查詢該航空公司的歷年招募條件

Step4

逐項檢核自己是否符合標準
（學歷 / 語文能力 / 摸高 / 體檢等項目）

Step4

以上項目若有不足的地方，先判定是否可以用時間去補足，例如英文程度、學歷等，再從中找出解決之道

報考空服
需要補習嗎？

關於考空服要不要先去上補習班這件事情，坊間有很多的口水戰。近期航空業面試的時候，考官也喜歡詢問考生是否有到補習班進修過，在國籍航空尤其常見。首先，我們先來了解所謂的「航空補習班」，在台灣，航空補習班形式大約分有下列幾種：

- **知名連鎖英文補習班**

這類補習班常下大量廣告預算在關鍵字或實體廣告上，因此只要在網路上搜尋空姐補習班，常常就會連結導入到英文連鎖補習班，而且報名的人數還不少。只是，英文連鎖補習班顧名思義就是以英文培訓為主，Lyna 覺得這類型補習班比較適合英文能力需要加強，為了取得多益門檻或者想與外籍講師練習會話口說的人。

在師資方面，講師以教授英文專業為主，對於航空趨勢跟實際面試情況可能沒有這麼專精。所以，如果要加強英文可以考慮到這裡，但若是英文能力已經很足夠的朋友，只是單純想要針對航空面試技巧提升，則建議可以選擇專業的航空培訓機構。

- **航空培訓機構**

這類型有航空專業背景成立的培訓機構，在課程設計上會以航空面試所需要的應試技巧做編排，專精在面試流程準備上，包括模擬面試、考古題演練、履歷自傳撰寫、航空面試妝髮、服裝儀態談吐培訓等等，比較適合針對參加面試，想要了解方向、實際提升應答能力，或是需要方向建議並找出問題的考生。

但是此類型的補習班師資、收費、授課方式不一，講師的教學風格也各有不同，大家可以多了解比較，先試聽之後，再選擇最適合自己、真正有幫助並符合預算的機構。

- **個人分享會或指導班**

這類型是由許多現役或退役空服員舉辦的「個人分享會或指導班」，以租借教室或場地的方式開課，地點有時在咖啡廳或者是在講師的家中。上課時間也會依據航空招募情況及講師個人行程安排機動性調整。如果已經面試了好幾次都碰壁，找不到問題的考生，Lyna 蠻推薦參加此類型的指導課程，聽聽空服從業人員的建議。

- **私人或企業演講或分享會**

這類型的課程公營私營單位經常會舉辦，類型也很多樣，在此不逐一贅述，有興趣的人可多留意類似的資訊。

- **個人家教**

這種一對一聘任的專業家教老師，可以針對考生做彈性的時間安排，也會針對每個人的優缺點做各別加強。收費方式則會依照講師的專業資歷及學員的預算做調整。

經過以上的補習班類型分析，想要考空服員的你覺得需不需要上補習班？答案其實見仁見智，沒有一定。因為每個人的條件不一樣，適合的輔助方式也不同，如果你不是先天可以在眾人面前自信表達的人，或缺乏獨立個性可以完成某些值得一提的事蹟經驗，那麼假如能夠找到自己適合的學習環境，確實可以節省很多走冤枉路所花的時間和金錢。

當然，如果你是可以自己在家練習且自律性很高的朋友，也可以自行擬定應考計劃表，逐步完成應考準備。靠自己準備而考上的案例並不少，大多是從小學習環境過程較多元，或者有管道搜集資料且自我督促能力良好的人。

唯一要注意的是，自己準備的人也可以藉由專業人士的建議，從旁看到自己的問題。在這幾年的培訓經驗中，Lyna 曾協助過有社交障礙的考生順利成為空服員，甚至曾有過霸凌經驗，面對人群會恐慌的學員，在經過長期逐步引導後，慢慢也可以站在眾人面前，侃侃而談自我介紹的案例。在累積了眾多學員的案例後，Lyna 統整出補習班能給予的幫助如下：

1. 藉由專人指導來節省準備時間
2. 聽取專業人士的建議，可以看見自己的不足
3. 認識志同道合的戰友，透過凝聚力也可以加深自己的準備動機
4. 透過比較，讓自己更了解考場競爭激烈的程度

坊間補習班不少，篩選自己能夠負擔的課程，並且挑選適合自己的教學環境跟講師教學方式，能夠吸收演練與進步最重要。花點時間多比較評估，一定可以找到最適合你的培訓方式與機構。

符合條件後的航空應考準備

心理層面的自我了解

姑且不論是否要面試航空產業，Lyna 建議所有的求職者在任何公司應聘時，都需要準備以下的問題：

為什麼我們要僱用你？
你能做到哪些事情，是其他人做不到的？
你的優點及缺點分別是？
你有什麼特殊專長，是其他求職者沒有的？

以上問題都準備好之後，再深入思考以下更重要的問題：

你是否已具備這項工作所需要的技能、專業及經驗？（或者你正在用什麼樣的方式，去補足提升相關的從業經驗？）
你是否對這份工作或這家企業充分了解與迫切想要加入？
你是否能適應團隊跟公司的文化？

針對以上的內容，如果你很有想法，太棒了，立刻著手寫下來吧！但如果你完全沒有頭緒也沒關係，以上的問題都是原始的延伸，必須從求職事件的「原始者」，也就是「你」本人開始了解起。那就讓我們開始吧！

- **自我了解的重要性**

藉由以下的問題與回答，可以幫助你更了解自己。在全盤認識自己後，才能更明白人生的方向與目標，這不僅僅對航空公司的面試有幫助，對於你整個人生的職涯規劃也會有大幅的幫助，讓你不再是「迎合工作」，而是在「適合的工作」中，找到快樂與長久工作的原動力。

以下所列題目，請依自我喜好逐樣選擇，至少列出三到五項目標和預期達成的成果，並且排序。最後，再將所有項目寫上預計達成的時間。

食／衣／住／行／娛樂／財富／資產／
社會貢獻／時間管理／情感／
人脈／家庭／健康／進修／外貌維持與追求

Lyna 列舉一個學員 2015 年的個人目標策劃當範例，在了解自己並且朝目標努力實踐之後，今年她也成功飛上藍天，一圓當空服員的夢想囉！當你完成了所有項目後，心中會有很大的成就感。從過程中也能找到真正的自己，並往目標大步邁進。

個人目標策劃			
項目	個人目標策劃	完成打勾	完成時間
人生重要目標	1. 在 30 歲前能夠擁有海外經歷並結識各國朋友，培養國際觀。		
	2. 能做自己喜歡的工作並一步步朝此目標邁進。		
	3. 這輩子能累積踏足 50 個國家。		
	4. 從事可以與人接觸與分享熱情的工作。		
事業	1. 一年之內考上空服員，完成環遊世界的夢想。		
	2. 希望可以在未來五年內工作獲得升遷機會。		
	3. 在工作上擁有卓越表現，能受到顧客與長官的肯定。		
財務	1. 買足並擁有足夠的醫療壽險。		
	2. 在 30 歲前存下第一桶金（100 萬存款）。		
	3. 涉獵投資理財知識並有 2-3 筆長期投資項目。		

個人目標策劃			
項目	個人目標策劃	完成打勾	完成時間
健康	1. 養成固定運動習慣（至少一週三次）。		
	2. 少油少鹽飲食，減少宵夜次數。		
	3. 每天飲水 3000 cc。		
家庭	1. 每個月能給父母零用金並讓他們對我的人生放心。		
	2. 每年至少一次家族旅遊。		
	3. 每個月有一次的家族聚餐，並且與父母聊天。		
進修	1. 精進英語聽說讀寫能力，並能善加應用。		
	2. 每週進修學習法文。		
	3. 每月至少讀完 2 本書籍。		
情感	1. 希望和另一半一起在生活上學習成長，能在 30 歲左右步入禮堂。		
	2. 與另一半互相尊重彼此的工作，並且互相分享工作上的心得。		
	3. 每年訂定一個最重要的紀念日，特別慶祝！		
時間管理	1. 善用行事曆，將計畫分類為年 / 月 / 週計畫，逐步踏實的執行。		
	2. 每週訂立『To Do List』，在週末進行完成度檢討。		
	3. 每天睡前給自己 10 分鐘做放鬆冥想。		

個人目標策劃			
項目	個 人 目 標 策 劃	完成打勾	完成時間
人脈	1. 結識各國友人，了解不同種族文化。		
	2. 能夠區分可以深交的朋友，好好維繫與聯絡情感。		
	3. 多跟長輩討教，學習經驗。		
外貌	1. 維持健康體態，體重維持 46 公斤。		
	2. 做好膚質保養，並維持好氣色！		
	3. 每週修剪指甲，確保手指整潔。		
娛樂	1. 每年安排兩次國外旅遊，兩次國內旅遊。		
	2. 每個月至少和好姐妹聚會一次！		
	3. 每個月至少看一部有深度的電影。		
社會貢獻	1. 將自己的所得 1/10 捐助給公益機構。		
	2. 持續參與偏鄉孩童關懷志工。		
	3. 存一筆積蓄，退休時選擇一種方式回饋給社會。		

- **面試延伸問題 - 人生之最**

1. 影響自己最重大的一件事
2. 最喜歡的人
3. 最喜歡的顏色
4. 最喜歡的電影
5. 最喜歡的歌手
6. 最愛聽的歌
7. 最喜歡的作者
8. 最喜歡的書
9. 最喜歡的演員
10. 覺得自己最像哪個藝人
11. 最能描述自己的一句話
12. 最引以為傲的優點
13. 最想隱藏的一件事
14. 最脆弱的弱點
15. 最喜歡的香氣
16. 最想成為的職業
17. 最快樂的一件事
18. 最勇敢的一個作為
19. 最叛逆的行為
20. 最具代表性的作品
21. 最想讓人看見的一面
22. 最害怕的一件事
23. 最了解自己的人是誰？
24. 做過最團結的一件事
25. 做過最勇敢的決定
26. 最喜歡的國家
27. 最喜歡的人種
28. 最擅長的一件事
29. 最喜歡自己回到過去哪個時期
30. 最崇拜的一個人

／證件照片準備／

準備著手報考之後，會需要準備面試照片、履歷自傳、自我介紹等各項資料，以下逐一為大家詳述。

- **證件照拍照重點**

報考航空公司通常需要繳交大頭照、全身照與生活照，而這三張照片通常是面試官對考生的第一印象，因此照片的拍攝非常重要，一定要拿出最完美的一面幫自己加分！

全身照

全身照請依照航空公司的站姿及雙手擺放位置來拍攝，服裝及髮型也請遵照各家航空的標準來準備，但記得服裝一定要整燙整齊，才能顯現出空服員的專業且充滿精神的形象，當然，千萬別忘了秀出最親切的笑容喔！

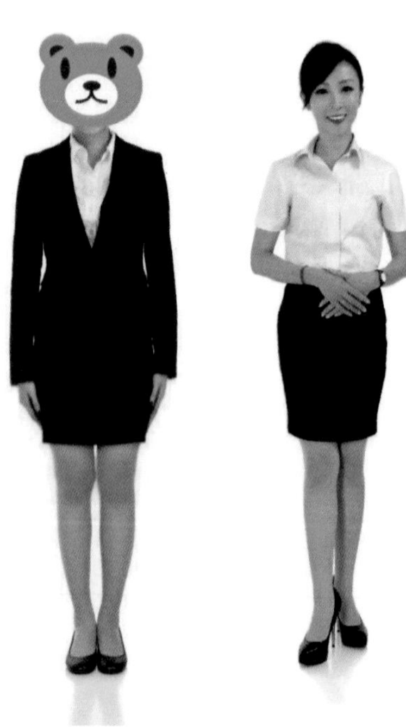

大頭照

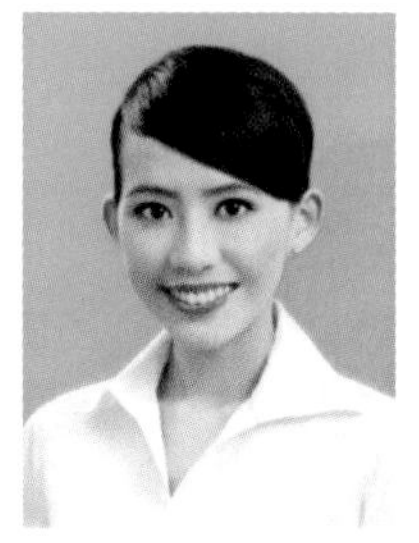

最好是三個月內的彩色近照，可以身分證或護照上的彩色大頭照為主。髮型整理以露出耳朵、整齊瀏海為主，不要遮住眉毛，面帶笑容，呈現出有精神、有專業形象的一面。

生活照

有別於面試考場看到應考者穿著套裝、梳包頭的正式樣貌，考官會從生活照來了解應考者平時的樣子，以及會選擇什麼樣的服裝儀態來呈現自己，藉此全面了解應考者，並判斷其對工作的尊重。

因此，生活照的繳交，有些航空公司甚至會規定應考者「不要」提供去照相館拍攝的制式證件照或沙龍照，為了更清楚知道準備方向，Lyna 準備了幾個重點跟範例供大家參考。

生活照拍攝重點

1. 全身照：盡量展現出身材比例，露出四肢，臉部光線充足，露出陽光笑容。
2. 半身照：露示出明顯五官，妝容要有氣色，腮紅跟口紅很重要。
3. 建議選擇晴天在戶外拍照，避免選擇風太大的地方拍攝，否則髮型很容易不受控制。
4. 服裝選擇春夏色系，儘量不要穿著黑色或深色，除非剪裁或膚色真的很適合。
5. 不要露出刺青跟疤痕，膝蓋部份可以小小修圖，避免黑黑的影響美觀。
6. 可以多拍幾個造型做選擇：頭髮放下來、塞耳後、綁馬尾、綁公主頭或包頭等。
7. 鞋子不要選擇腳踝有綁帶的，可選擇裸色鞋款修長腿部比例線條。
8. 姿勢不扭曲，不要折到腳，不要從上往下拍出扭曲比例。
9. 不要配戴任何會遮住臉部的配件，如眼鏡、墨鏡、帽子等。
10. 太強烈的光反而會吃妝，所以光線的選擇拿捏也會影響到相片的呈現品質。
11. 忌諱太重太垂的假睫毛或嫁接睫毛，容易壓眼影響妝容。

生活照 NG 範例

以下是 Lyna 曾經遇過的真實案例，還是要拿出來提醒大家一下，千萬別踩地雷。

1. 生活照不要露事業線、不要穿比基尼，這跟臉書上比拚按讚邏輯大不同，審閱資料的對象是嚴謹的人資部門與考官，一定要切記、切記再切記！
2. 不要跟史瑞克、小小兵等玩偶們合照，雖然它們很可愛，但在面試履歷上看起來會讓人有不莊重的感覺。
3. 不要戴太陽眼鏡、彩色瞳孔放大片，不要染奇怪的髮色，因為航空面試很重視團隊，不喜歡標新立異的人。
4. 不要選用跟朋友合照的照片，即使很明顯地把身邊的朋友裁掉，這樣的照片也是 NG 的。
5. 不要擺出性感表情或魅惑的眼神，要有親和力，要有長輩緣（考官緣）。
6. 妝容淡雅，不要化得像拍電視劇一樣妝感太濃豔。
7. 不要躺在床上拍照，因為床鋪代表的是私生活領域，無法呈現端莊的形象。
8. 不要過度修圖。雖然現在 app 很先進，但航空公司招募的是空服員，不是去走維多莉亞的秘密伸展台的模特兒。
9. 下巴不要修成三角錐形，新世代的審美觀與航空面試官的認知還是有一大段差距的，姑且不論尖下巴到底美不美，但據聞面試現場本人與照片上差距過大的話，錄取率也會跟著降低。（除非本人比照片好看很多）

／自信心的訓練與培養／

面試之前，培養自己上場的自信是非常重要的，才能夠讓你在場上臨危不亂，展現出最好的一面。以下提供幾個自信心培養的方式給大家事先做足準備與訓練。

1. 提早準備考試各項資料
2. 每日維持身材
3. 勤做肌膚保養
4. 發聲發音咬字練習
5. 考古題的練習
6. 站姿 / 坐姿走路儀態練習
7. 英語練習
8. 找到好老師或前輩指導幫助調整

／航空面試基礎準備／

面試時一定要準備好的基本功課如下：

1. 30 秒中文自我介紹 / 60 秒中文自我介紹
2. 英文自我介紹
3. 台語自我介紹
4. 特殊專長語言自我介紹

• 設計令人印象深刻的自我介紹

1. 問候
2. 自己姓名或編號（看考場要求）
3. 畢業科系
4. 特殊學經歷專長
5. 值得一提優於他人更適合航空職缺的原因
6. 口袋小故事（建議提出實際案例佐證）
7. 為什麼覺得自己適合成為空服員？
8. 該航空公司的特點與自身關聯
9. 結尾記得一定要附上迷人的微笑並說謝謝！

範例

考官午安，您好我叫黃琊綾（或者編號，XXX），畢業於世新大學廣播電視電影學系，曾經在 T.G.I Fridays 星期五餐廳擔任調酒師，還參與了花式調酒的比賽獲得了優勝的成績！當時選擇「環遊世界」這個知名調酒參加比賽，就是因為小時候的夢想能夠成為一名優秀的空服員。此外，在吧檯工作的期間，還多次獲得客人的肯定，寫下榮譽的感謝徽章別在我的制服上。

聽到來自世界各地的遊客坐在吧檯跟我分享各國文化，很嚮往可以用自己的雙眼與雙腳親去體驗！得知貴公司這次的招募感到非常興奮，相信我已具備好各方面的條件，期待能夠加入您的團隊，運用自己的專長與服務熱忱帶給乘客難忘舒適的旅程。謝謝！

自我介紹的要點就是：有條理、自然順暢，重點是要讓考官記得你！因此，禮貌的問好、語句停頓點、聲音線條表情等等都要盡量自然大方。即便講得不順暢也不要驚慌失措，出錯了沒有關係，從容地道歉也很優雅。

要有主軸的敘述，即使有逐字稿，也要練習到講起來非常自然才可以。千萬不要用背稿的方式講述，既生硬也沒有溫度，沒有情緒的朗讀背誦自我介紹是會被默默扣分的。

- **加分的亮點設計**

自我介紹最害怕的就是死板僵硬，如背稿般一點個人特色都沒有。Lyna 教大家一個方式，在設計 30 秒或 1 分鐘自我介紹時，請講述給身邊五個家人或朋友聽，聽完後請教他們覺得整段的「亮點」是什麼？這個亮點，也就是你可以在考場讓考官記住你的記憶點。

除了很基本的自我介紹外，請務必設計一些考官真正想聽的特色進去，通常我會請學員往幾大方向尋找：

1. 非得錄取你的原因
2. 立刻錄取你的理由（這個與第 1 點不同，主要是表達出時間敏感度）
3. 證明你會任職於這個行業很久
4. 知道自己跟別人有哪些不一樣？
5. 自己有哪些特色是符合空服員這個職缺？

範例

列舉一些我曾在課堂中遇過的學員案例，有些回答我覺得特別且非常可愛，這就是很棒的亮點，也是會讓考官對你留下深刻印象的加分重點。

1. 我是游泳健將，曾經有救援過溺水的小朋友。
2. 我覺得自己就像壽司米，很有彈性韌性。
3. 我很注重體力的維持，努力維持自己身體的健康是我人生中很重要的原則。
4. 我擁有獨立作業的能力，即便把我丟到荒島上我也能夠存活。
5. 我對於想要做的事情很堅持，決定要做就會堅持到底，過往也持續七年不間斷地學習精進自己的日文能力。
6. 我覺得自己是個親切愛笑的女生，尤其特別有阿公阿嬤緣。
7. 我觀察入微，常常能在別人尚未發現之前就提前發覺客戶的需求。
8. 我的力氣很大，雖然身材看不出來，但是我可以扛起好幾個啤酒箱。
9. 我對於飛機上的事物都深感興趣，曾經把廣播詞用 RAP 的方式唸出來，讓身邊的朋友都覺得很有趣。
10. 我感覺自己很有同事緣，剛進一間新公司一個月，同事們就聯合製造驚喜為我慶生，讓我感覺備受重視。
11. 我認為自己的優點是適應力強，很多事情都可以快速上手，學過一次不忘。
12. 我很熱愛與人交流，良好的溝通協調能力一直都是我的上司很肯定我的優點。
13. 我對於自我的要求很高，從小到大從來沒有遲到過。
14. 我覺得我非常非常耐操，可以說是現代版的阿信。

- 30 秒版本（30 seconds version）

因為時間有限，所以要快狠準說出自己的簡介：姓名、年齡、畢業學校、人格特質、學校和工作經歷、為什麼自己適合這項工作。

範例

My name is XXX, XX years old, graduating from xx university, majoring English. I am always thought of/looked upon/referred to/seen/regarded/viewed as a diligent, positive, and reliable person.

(有工作經驗者)I had some part-time experience as a server in a Japanese restaurant 或者(只有社團經驗者) I had joined the Goodwill Ambassador Club during my college years.

I am currently working in T.G.I Fridays as a bartender and cashier.

I strongly believe that my personality and club/working/part-time experience can make me a good employee/asset to your company. Thanks for listening and the interview today.

- **1 分鐘版本（1 min version）**

1 分鐘比 30 秒多出的時間，可以詳述自己在學或工作中學到與航空或服務相關的技巧或優點。

範例

My name is XXX, XX years old, graduating from xx university, majoring English. I am always thought of/looked upon/referred to/seen/regarded/viewed as a diligent, positive, and reliable person.

（有工作經驗者）I had some part-time experience as a server in a Japanese restaurant 或者（只有社團經驗者）I had joined the Goodwill Ambassador Club during my college years.

I am currently working in T.G.I Fridays as a bartender and cashier, in which I've learned the importance of teamwork, how to handle difficult situations, putting myself into customers' shoes, and thinking outside the box.（以上填工作 / 社團 / 打工所學） I also can work under pressure and with different kinds of people and get along with them.

The position of flight attendant for me is not only just a server but also a safety provider.

I strongly believe that my personality and club/working/part-time experience can make me a good employee/asset to your company. Thanks for listening and the interview today.

- **沒有靈感寫英文自傳該怎麼辦呢？**

可寫在自傳裡或自我介紹裡的社團 / 打工 / 工作經歷學習到的東西和技巧：

1. The importance of teamwork
2. How monumental the skill of communication acts/is
3. How to be a people person
4. How to be a team player
5. How to solve difficult problems
6. How to handle difficult situations
7. How to be proactive to the customer' s needs before they ask
8. The importance of safety
9. Working under high pressure
10. Put myself into customer' s shoes
11. Think outside the box

• **善用形容詞讓自我介紹更生動**

常用的正面個人特質形容詞，可以選擇與自己符合的：

Positive	正面的	Dependable	可依賴的
Interesting	有趣的	Reliable	可靠的
Funny	有趣的	Generous	慷慨的
Easygoing	隨和的	Humorous	幽默的
Socialized	會交際的	Outgoing	外向的
Gentle	溫柔的	Calm	鎮靜的、沉著的
Thoughtful	體貼的	Honest	誠實的
Diligent	勤奮的	Aggressive	積極的、有進取精神的；有幹勁的
Considerate	考慮周到的		
Caring	有愛心的	Confident	有信心的
Optimistic	樂觀的	multi-tasking	可同時做很多事的
Nice	好的	vigilant	有警戒心的
Kind	仁慈的	proactive	主動的
Sweet	甜美的	helpful	有幫助的
Friendly	友善的	supportive	給予幫助的
Trustworthy	值得信賴的		

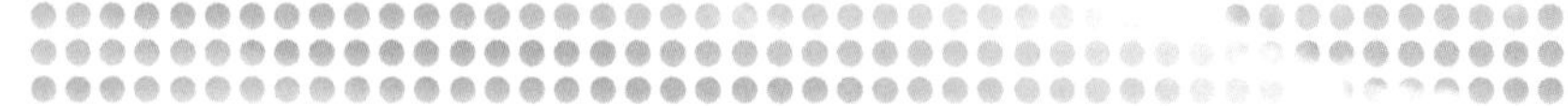

航空面試有時候考官會問你有無缺點 (What is your shortcoming/weakness)，請盡量選一些無傷大雅的缺點，以下為常用的缺點形容詞：

Negative	消極的
Stubborn	倔強的、頑固的
Selfish	自私的
Sentimental	感性的、多愁善感的
Nosy	好管閒事的
Pessimistic	悲觀的
Rude	粗魯的
Mean	壞的
Cruel	殘酷的
Clumsy	笨拙的、手腳不靈活的
Careless	漫不經心的
Unconcerned	不在乎的
Childish	孩子氣的
Serious	嚴肅認真的
Conservative	保守的、守舊的
Curious	好奇的
quiet	安靜的
shy	害羞的
lazy	懶惰的

航空面試英文重要嗎？

許多公司企業會在面試時把英文檢定成績作為參考值，當然航空公司也不例外。航空報考面試英文檢定門檻大約落在 TOEIC 成績 500-650 之間，其他的英文檢定機構如全民英檢、IELTS、TOEFL iBT、TOEFL ITP、BULATS 等，成績都是可被部份航空公司認可的。不過要特別注意的是：證照取得年份與報考時間不能差距太久遠，兩年內的證書是比較安全的。

以下為長榮航空官網資訊範例，考生須具備以下任一項英檢成績	
全民英語能力分級檢定測驗達中級(含)以上程度	TOEIC 達 500 分以上
IELTS 4.0 以上	TOEFL iBT 達 45 分以上
TOEFL ITP 達 450 分以上	BULATS 達 40 分以上

每間航空公司依據客戶屬性不同，對於英文的程度要求不同，面試時注重英文的比例也不盡相同。但航空公司面試會使用到英文的部份究竟有哪些呢？在此作大方向的分類：

1. 英文檢定
2. 英文筆試（有可能是選擇題，也有簡答題、作文或申論題等）
3. 英文口說（包含自我介紹、辯論、團體討論、抽字卡、角色扮演、履歷資料問答等）

學習英文的方法

學習英文的方法五花八門，沒有所謂最正確的方法，只有最適合自己的方法。有人喜歡透過影集、電影學習，有人聽 ICRT，有人去實體補習班、參加線上函授課程、請外語家教，也有人買參考書狂做練習題，或埋頭苦背單字卡等。雖然方法有百百種，但只要適合你，能夠讓你真正學習與內化提升英文的方法，就是最好的方法！

如果你覺得這樣的方向太廣泛，想要具體一點提升英文程度的方法，Lyna 也整理分享了八個我自己愛用的學英文小方法給大家：

練習只看英文

每天從起床到睡前，所有途經的事物只要出現英文的就練習只看英文。這個方法非常重要，因為平均我們一天會看到的英文單字超過一百個以上，只要你用心注意，對英文單字背誦會有很好的效果。

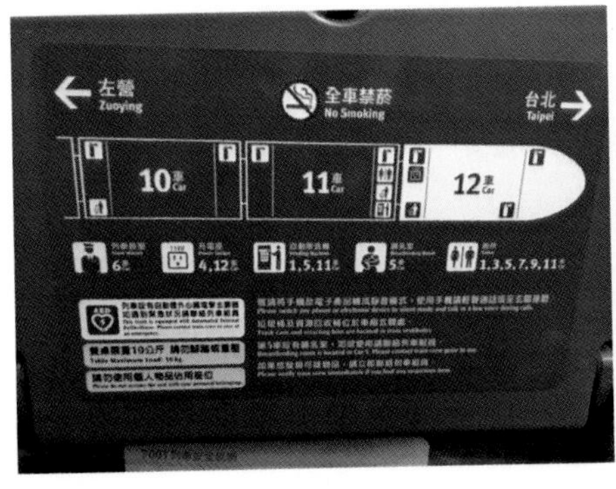

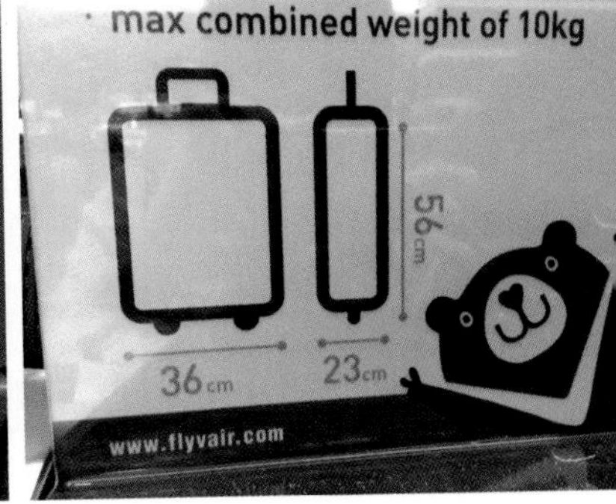

例如：在捷運站時，所有的指示牌、引導標示，包含車廂內的公告廣告等，中文字下方都會有英文的翻譯。其他如百貨公司樓層的分類表、公車站牌指引、高鐵座位前方的車廂示意圖、手扶梯上的安全指引、超商招牌、雜誌封面、商場的結賬區等，都會有很多的英文單字等著你去探索發掘！每天看、每天吸收、每天複習，日復一日，日常生活的單字用語就會不知不覺的進步。這個方式 Lyna 個人覺得非常受用，而且可以不間斷地練習。從今天開始，你也試試吧！

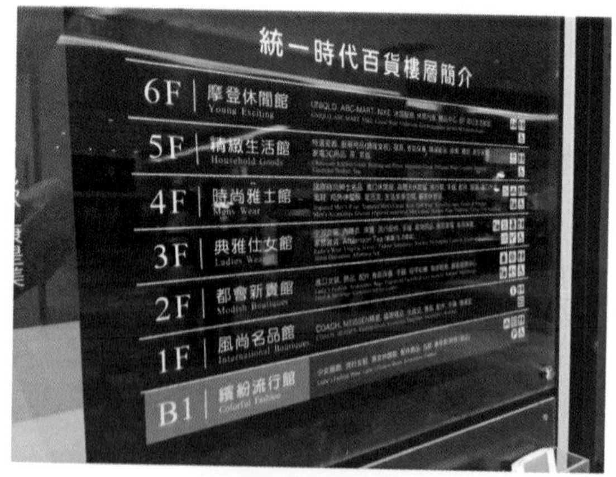

唱英文歌

Lyna 個人很喜歡唱歌，曾經也組過樂團玩過音樂，為了增加演出機會，所以有接過樂團圈俗稱「做場團」演出，翻唱一些耳熟能詳的歌曲用於尾牙、婚宴、春酒等商業演出。因為演出需求的關係，必須準備足夠的英文歌單表演，而這樣的經驗也讓自身英文的口語用詞進步不少。喜歡唱歌或聽歌的朋友，也可以選擇你喜歡的歌曲，把歌詞列印出來，用學唱歌的方式去學英文發音，相信一定會有不少收獲。

跟動植物說話

千萬不要覺得這樣是精神狀態不正常的人才會做的事，這個看似很無厘頭的做法，卻是 Lyna 最喜歡的方法。小時候 Lyna 就很喜歡跟植物或家裡的螞蟻說話，即便是現在，我也會把今天發生的事跟家裡的植物或寵物們說說話，因為跟這些「物種」說話不用擔心說錯會被笑，撇除發音正確性來說，這是很好的訓練膽量開口說話的方式。

演英文話劇

這是非常有趣的學英文方法。可以找一群人一起設計情境腳本，想要更用心一點的話，還可以把服裝打扮都策劃進去。不一定要有觀眾，家裡也可以和朋友們練習全英文對話的小劇場，除了可以提升英文之外，台風跟臨場反應力也會一併進步。

下載好用 app

現在的 app 很發達，很多免費或付費的 app 都很實用。例如字典查詢、發音查詢、例句查詢，還有實用單字的分類版本如多益必背單字、托福必背單字等。在學英文的過程中還可以搭配闖關遊戲，是推薦給手機愛用者的學英文方法。

善用單字卡

單字卡的使用方法很多種，找到適合自己的方法就可以。單字卡的重點目的是「有效提升單字量」及「背而不忘」，只要能達成以上兩個目的就是有效的方法。進而追求單字正確的使用方式：動詞、名詞、片語、使用造句等。

選擇適合自己的補習班

英文補習班有實體、線上課程，及各種小班制、中班制、大班制或家教的類型，重點在於講師的教學方式是否能夠帶起你的學習興趣與動力。大家可以挑選符合預算、時間上可以配合的補習班，再搭配回家後複習，更是一個有效率的進步方式。

組讀書會

現在很流行組讀書會，嚮往進入航空業的戰友們相約一起進修。讀書會的重點在於「總召人選」與「持續性」。讀書會的模式沒有規定，可由每一位成員共同討論定制。選定主題後接著挑選題材，可以有文章閱讀、影片欣賞、歌曲欣賞、英文測驗，或是全程用英文討論、聊天回答問題等。當然，讀書會的成員出席率也會影響彼此的士氣，所以找到一群志同道合的朋友是件很幸福的事，也別忘了給付出比較多的總召或成員多一點的鼓勵與支持喔！

另外，英文能力強的朋友也可以嘗試學習第三種語言能力，會有額外的加分效果喔！但不論想要學習哪一種語言，主軸不外乎符合「主動營造外語環境」、「勇敢開口表達」、「善用學習資源」、「徹底執行學習計劃」這些條件，想是方法，做是答案！加油！

國籍航空中英文自傳撰寫與設計

好的自傳設計有幾下幾個特徵：

1. 讓考官對你有印象。
2. 讓考官順著你的自傳設計發問。
3. 展現符合該公司的特質。
4. 順暢的文字表述，排版整潔配合適當的圖片。
5. 避免注音文、火星文、花俏的表情符號，使用正楷標點符號。
6. 避免贅述，浪費太多的字數在非航空相關的證照上（例如中英打證照等）。

- **成功的自傳範例**

範例 1

曾有一位朋友錄取所有國籍航空，她的自傳設計有四個重點：提到自己在「台北 101 的 LV 擔任店員」、在「電視購物台」擔任助理職位、提到自己如何「甩肉瘦身成功」、「從有英文障礙到順利取得多益成績」，不論是哪一家的主考官，面試時都繞著這幾個問題打轉，屢試不爽。就自傳設計而言，這部份算是非常成功的，因為你能預知到考官會問什麼，就能在回答上做更有把握的準備。

範例 2

有一位培訓班的學員曾在國外擔任「熱帶雨林的志工」，乍聽之下這或許只是個不足為奇的志工經驗，但是他在自傳上寫上特別的經驗是「必須要幫雨林內某一特定物種的螞蟻做 GPS 定位」。替螞蟻做定位實在是一般人很少有的經歷，因此考官也對此經驗感到非常好奇。只要在這個回答上做好充足的準備，並且展現具備空服的個人特質，就可以當作自己的成功面試口袋小故事。

／ 寫出為你加分的自傳 ／

航空產業的中文自傳撰寫，平均字數要求落在 500-600 字左右（包含標點符號及空白）；也有公司要求 300-400 字內的自傳，大家可以依照航空公司的具體要求做字數上的調整。切記不要太少或是過長，若是報名系統有限制，超出字數就無法送出履歷。

國籍航空中文自傳範例

我是 XXX，朋友都說我是個樂觀愛笑的女生，從小父母給我足夠的空間去探索世界，所以當我遇到問題時會獨立且積極處理，並以正向的態度面對挫折。心思細膩、善於溝通可說是我個人最大的特色；做事深受父親影響，十分有條理，也喜歡結交朋友，因此從小便擁有不錯的人緣。

從小開始學習舞蹈，在國小五年級那年，到過德國與法國巡迴演出，第一次搭飛機的我非常的緊張與不安，也經歷了人生中第一個亂流，當下突然情緒失控，但是貴公司的空服人員立即觀察到我的狀況，上前來關心以及安撫我的情緒，這時讓我感受到好像回到家一般的安全感。那位空服員溫暖了我的心，讓我這趟飛行經驗終生難忘，並且讓我有了想成為空服員的夢想。

為了成為空服員，除了基本的英文溝通能力之外，我也開始學習第二外語日文，透過看影集學習發音，也多看書練習寫字。為了能在畢業後就具備足夠的服務業經驗，在大學一年級的時候，我加入星巴克開始半工半讀，持續四年並且從工讀生晉升成為值班經理，學到了與顧客應對、帶領班次夥伴成長進步以及現場狀況控管的能力，對於服務業，也許很多人覺得很辛苦，但我覺得我真的很幸福，我的陽光笑容以及真誠的心，總能夠帶給顧客溫暖；用一個微笑，一杯咖啡上的幾個溫暖字跡，傳遞愛給每一個人，讓顧客走進門市就像回到了第二個家一樣自在輕鬆。

我的夢想是成為一名優秀並且讓顧客印象深刻的空服人員，希望能夠進入 ______ 航空這個大家庭，繼續傳遞愛與服務給每一位旅客。

／中文自傳修改範例／

修改前版本（600 字）

各位 XX 航空的長官們好，我是陳琳，今年 22 歲，來自台南，目前就讀於文藻外語大學的英文系，是名應屆畢業生。因為就讀文藻前是從輔英科技大學護理科畢業的，所以除了 CPCR 證照外也同時擁有護理師證照。

於輔英求學與臨床實習的期間，除了學習如何運用醫護知識來提供專業行為，以滿足病人的需求外，也讓我學到了護生間團體分工合作、碰到事情時溝通的重要性，以及如何接納、尊重、站在個案立場去同理他的內在感受。

升上二技來到文藻，我則是選擇在課餘時間去星巴克打工，提前預習服務業的課題。星巴克帶給了我很多不同的體驗，雖然能製作出一杯好喝的咖啡很重要，但這一年多的打工經驗裡我學到最多的是「笑容、態度以及問題解決的能力」。我是名熱心助人的女孩，但有時卻會忽略了表情，我的店經理曾經對於這件事懊惱，但也因為她的教導、教訓，讓我現在變成一位時常把笑容掛在嘴邊的女孩，不但得到客人讚美說我服務態度很好、熱心，笑起來很可愛之外，在公司神秘訪客的審查下也獲得了很好的分數與評價。

除了臨床實習經驗與打工經驗外，求學期間我也參與了親善大使社團，訓練自己的儀態及談吐，也曾受學校邀請，擔任模特兒協助拍攝招生宣傳廣告。而加入流浪動物保護社則是出自於愛動物的心，所以自願每個星期去幫被機構收留的流浪狗們洗澡，讓牠們也有被愛的感覺。

修改後版本（496 字）

〔紅色的字體為修改調整後的文字〕

我是陳琳，22 歲，來自台南，成為空服員是我的夢想，小時候曾經在書上看過空服員絕對不只是服務生，因為他們更重要的職責是守護機上所有人的安全。因此我選擇進入了輔英科技大學就讀護理科，畢業時也取得了 CPCR 和護理師的證照；又因為了解到語言對於空服員的重要性，畢業後努力考進文藻外語大學的英文系，目前是名應屆畢業生。

▲前後的因果順序調換，觀感上就有完全不同的影響；從剛好唸了護理和英文，變成因為嚮往空服而做的種種準備，給予面試官的印象就會截然不同。

於輔英求學期間，除了學到如何活用醫護知識來滿足病人的需求外，同時也了解到護生間團體分工合作、碰到緊急狀況時溝通及臨場反應的重要性，以及如何尊重他人的內在感受。

▲這段大致上寫的不錯，只需加強護理師特別具有的危機處理能力。

就讀文藻時利用課餘時間到星巴克打工，我相信在優秀的公司能夠更紮實地累積服務業的經驗和技能。一年多下來我學到最多的是「如何讓每位客人都有回到家的感覺」。熱心助人是我的代名詞，但常常忘記笑卻是困擾我許久的難題，多虧我的店經理細心不厭其煩地教導和提醒，讓現在的我成為一位時常把笑容掛在嘴邊的女孩，且時常得到客人對我服務的讚美。此外，我也參與了親善大使團，加強訓練自己的儀態、應對及談吐。

▲這段的文字敘述太過口語白話，邏輯上也有前後不一的問題，還有像「困擾」與「教訓」這些比較負面的詞性在自傳中也應避免使用。除了修改以上的問題外，也應讓考官看見你對空服做的努力，並且看見你會誇讚曾經服務過的公司，有著正面的員工特質。另外刪除與航空比較沒相關的模特兒拍攝，留下親善大使這部份能更彰顯對空服員這個夢想的執著。

最後，衷心期望有天能發揮自己這些年對進入航空業的準備和我的專業、熱忱與執著，成為ＸＸ航空的空服員，替公司創造最大產值，提供乘客安全、舒適且愉快的旅程。

▲再次強烈地表達想進入公司的企圖心，和強調這些年來為空服這個職位所做的準備。並表達除了想完成夢想之外，公司利益也是你的最大考量，藉此打動考官的心。

／英文自傳修改範例／

修改前版本

My name is Sandra Hung. I graduated from Wenzao Ursuline University of Languages. My major is Japanese. After graduation, I attended a Japanese Language educational course in Waseda University in Japan. During the time in Tokyo, I studied with classmates from all over the world, and that gave me the chance to know more about other countries and their cultures. Besides Japanese, I also improve my English ability at the same time, and recently I just start to learn Korean.

While working in Hands Tailung, I was in the position of in charging and dealing with foreigner customers because of my excellent language skills. My colleagues even called me "Little Translator" as my nickname.

Maybe I don' t have a lot of experience in life, but I have passion in working. I always do my best on every job which is assigned to me. And I will keep learning and seeking for improvement all the time. So far in my life, every time I study abroad or take a trip, there is always someone who helps me pursue my dreams and create the best journey for me.

I' m currently working in the world' s top three passive components business as an assistant engineer. I' m so lucky to have the opportunity to work in Japanese companies. I've learned Japanese culture, punctuality, discipline, accountability and efficiency.

Today I' m here to apply for the job of XXX airways' flight attendant. I' d like to help people create the best journey for them. I hope they will have the best flying experience just like I do every time I take the plane. I sincerely hope that I can have the opportunity to become a cabin attendant in XXX Airways to achieve my dream.

修改後版本

My name is Sandra Hung (要改成護照名), graduating from Wenzao University and majoring Japanese. After graduation, I attended a Japanese Language educational course in Waseda University in Japan. During the time in Tokyo, I studied with classmates from all over the world, which gave me the chance to know more about other countries and their cultures. Besides Japanese, I' ve also got my English ability improved simultaneously. Apart from them, I, recently, started to learn Korean to show my passion towards language learning.

▲這一段能讓考官了解你的語言能力、學歷和你對語言的熱情。

While working in Hands Tailung, My team and I were in charge of dealing with foreign customers, from whom I learned the impotence of communication and teamwork, which had influenced me meaningfully.

▲這段改成跟團隊合作處理外國客戶學到的經驗，而不是單純誇耀自己「人肉翻譯機」的語言能力。

My advantage and disadvantage are going to the same word: "Too optimistic" . People said: "the water that floats the boat can also sink the boat", and I am striving to make them balanced. I don' t have a lot of experiences in life, but I have passion in working, always keeping learning and seeking for improvement all the time.

▲這段加入優缺點是太樂觀，提出水能載舟亦能覆舟，而你也努力在使這優缺點取得平衡。

I' m currently working in the world's top three passive components business as an assistant engineer, from which I've been taught how monumental punctuality, discipline, accountability and efficiency are.

▲這段拿掉覺得很幸運在這間公司工作，因為考官會覺得既然這麼好為什麼要跳槽？不如改成你在這大公司學到往後可為 XX 航空提供的一些優點。

I am to apply for the position of flight attendant of XXX airlines. I sincerely hope that I will have the opportunity and honor to join this extraordinary company to distribute the best service to our passengers, giving them a safe and comfortable journey.

▲ 這段拿掉 achieve my dream 改成 distribute the best service to our passengers，會讓考官覺得你不是自私想完成自己的夢想，而是真心想給「我們的乘客」一個舒適愉快的旅程。

外商航空 CV 撰寫與設計

CV 是 Curriculum Vitae 的縮寫，原文來自於拉丁文，較常於英式用法中見到，其實簡單來說 CV 就是 Resume（簡歷表）。有別於國籍航空公司面試需要的中英文自傳，外商航空公司則是要求 CV 和 Cover letter（求職信）。

CV 是航空公司對你的第一印象，而撰寫 CV 的第一重點就是千萬別把 CV 寫成個人自傳，將你所有經歷毫無篩選的寫出來。一份好的 CV 最重要的是精簡而且吸睛，如何將你的資料和經歷篩選出與航空產業相關的連結，並完美地呈現才是致勝關鍵！一些不相關又不會幫助你進入航空業的資料，就別寫進去了。

／CV 撰寫重點／

字體建議用 Times New Roman，字體大小為 12。

1. 次序排列

無論是學歷、工作經驗還是專業證照，排序時都應該以時間最近的為優先。

2. 學歷

由最高的學歷寫起，例如有研究所經歷就寫研究所和主修課目，接著再寫大學和主修科目。如果是大學經歷，那麼寫上大學和主修科目即可，切記在後面要註明修業的時期（例：2008/Sep~2012/Jun），但千萬不要把國中小學的全部寫上。

3. 工作經驗

如果有服務業相關的工作經驗一定要列明，如果沒有的話也可以靠學歷或課外社團活動來補救。以往常看到有應徵者的 CV 上寫了很多短期打工的經驗，似乎是想以量取勝，但千萬不要抱持著這個想法！「打過 N 份工」絕對不等於「工作經驗豐富」，如果工作經驗都只是做個幾星期或一個月，反而會呈現出一種在工作心態上相對不穩定的感覺，與其這樣不如不要寫出來。因此，建議列出工作半年或以上的工作經驗，而時下最流行的暑期海外打工度假，雖然時間不超過半年卻算是海外經驗，所以是寫可以出來的。

4. 課外活動

建議列出一些與航空工作相關，或者能夠表現你擁有空姐／空少特質的活動。例如團體運動或球隊之類的經驗，可以強調出你的團隊精神，或是參加過義工、志工的活動，可以顯示出你對人群或動物的關懷。

5. 證照

語文的證照例如英檢／日檢等一定要附上。至於一般中英打證照或是電腦證照比較與航空產業無關，就可以不用寫出來了。

以上為 CV 撰寫上的重點。但寫好一份完整的 CV 之後，還能做些什麼讓 CV 更有質感呢？除了在排版上要注意版面整潔之外，可以再加一些簡易的美編排版。Lyna 建議在參與實體面試時，可以選擇用好一點的紙質列印，例如磅數比較高或是表面有些微紋路的紙張。也有學員在裝訂的迴紋針上做出飛機造型，花一點小巧思都可以展現你對這份工作的重視。

Lyna 小叮嚀

可以用心準備一份別具心裁的 CV，但不需要太過花俏，反而會模糊重點。

CV 範例 1

Resume of Lee, Pei-Hua

Personal Date:

Name: Lee, Pei-Hua

Date of Birth: 20th June,1991

Cell phone: +886 947-666-888

E-mail: uia@gmail.com

Education:

Queen Mary University, England **Sep 2010- Jun 2012**

Major: Nursing

Work Experience:

Catholic Hospital, Operating Room Nurse **Jun 2012-Present**

- Taking Care of Patients and Casualties
- Assisting Doctors during Operations

T.G.I. Fridays, Server **Jun 2011-May 2012**

- Serving Food & Beverages
- Cashier
- Customer Service

Languages and Skills:

- Mandarin: Mother Tongue
- Taiwanese: Advanced level
- English: Advanced level
- Japanese: Basic level
- CPR Certificate

Extracurricular Activities and Honors:

- Volunteer Clinic to Cambodia as A Registered Nurse

References:

References Available Upon Request

CV 範例 2

Ting Ting-Huang

8F.-2, No.507, Zhongshan 2nd Rd., Qianjin Dist., Kaohsiung City 801, Taiwan (R.O.C.)
(+886) 909-365-507
uiaintheair@gmail.com

Objective

To Apply for a Position of Flight Attendant

Personal Data

Gender：Female
Nationality：Taiwanese
Language：Mandarin (Mother Tongue)、English(Fluent)、Taiwanese(Fluent)

Education

2007-2011 **Bachelor of Artist, National Taiwan University,**
Major: English

2004-2007 **Chung Cheng Senior High School, Taipei, Taiwan.**

Work Experiences

2012.08-Present **English secretary, XXX Corporation, Taipei, Taiwan**
Document interpreting and dealing with foreign clients.

2011.11-2012.07 **English Teacher, Holy English School, Taichung, Taiwan.**
Liaison between foreign teachers and parents, organized and managed the classroom, oversaw classroom curriculum.

Extra Curriculum Activities

The Leader of Goodwill Ambassador Club

- Duty: Welcome and Serve Guests

Certification

- TOEIC: 850
- CPR Certificate

外商航空 Cover Letter 撰寫與設計

Cover Letter 又稱為求職信或自薦信，很多求職者常犯的錯誤，就是搞不清楚 Cover Letter 和自傳（Autobiography）的不同。像之前提到的，國籍的航空公司大多會要求英文自傳，但外商航空公司大部份會要求寫 Cover Letter。求職信千萬不要寫太多流水帳，像是你幾歲、在哪裡長大、有幾個兄弟姊妹、爸爸媽媽的工作之類的，這些都不應該出現在求職信裡。

／ Cover Letter 撰寫重點 ／

字體建議用 Times New Roman，字體大小為 12。

1. 聯絡方式

在右上角先寫你的姓名、地址、電話和 email，然後在對角線寫下對方的姓名、職稱、公司名稱、地址。

2. 抬頭

通常你不太會知道航空面試考官的名字，所以就寫「Dear Hiring Manager ／ Human Resources Manager」或是「Dear Sirs ／ Madams」就可以了。

3. 第一段

第一段的重點是說明你的求職心願，還有你為什麼想到申請這個職位。可以先說明到你是從何得知這個工作機會，例如官網還是報紙等等，簡短地用書信用的語氣婉轉有禮貌的帶過。

4. 第二段

這一段是 Cover Letter 最重點核心的部份。寫出你的優勢並且與空服／地勤等你想申請的職位做連結，清楚地告訴雇主為什麼一定要雇用你。這段應該寫到學經歷，描述目前的求學狀況或工作狀況，和至今累積的所有經驗、強項與優勢，若能附上實際例子會更好。若沒有太多工作經驗，你也可以提到個人特質與做事態度，或是加入社團及課外活動經歷，重要的是指出能為公司做出什麼樣的貢獻，以及你可以勝任這個職位的原因。

5. 第三段

在最後一段中要表示你很希望可以得到這個機會，非常感謝他們閱讀你的求職信和履歷表，你很期待能盡快收到他們的回覆。並寫明你的聯絡方式，告訴他們如果需要更多資料或有其他的問題的話，可以隨時聯絡你。

6. 結尾的署名

文章最後寫「Sincerely yours,」或「Best regards,」，接著簽上自己的名字就可以了。如果是紙本的 Cover Letter，印出來再簽就好，如果是 word 檔或 PDF 檔的話，用掃描起來加上去，版面以乾淨精美為主。

／常見的 Cover Letter 錯誤／

1. 粗心大意

公司名稱寫錯或忘記改是最常見的，因為用同一份 Cover Letter 投太多公司。

2. 與應徵工作內容不相關

雖然寫出了很多優點，但是卻與工作內容毫無相關，會讓雇主或考官困惑你到底有沒有搞懂想應徵的職位是什麼。

／如何寫出一封好的 Cover letter／

1. 簡短扼要

以一頁 A4 為上限，300-500 個字就差不多了。因為字數有限，所以在撰寫的過程中更要審慎思考，寫出你人生經歷精華。

2. 開門見山劃出重點

每個段落的首句建議要強烈地讓雇主知道重點，之後的句子則是用來補充及說明第一句。

3. 非我不可的想法＋說服力

表達給雇主／考官了解到你的所學與他們的產業有非常緊密的關係，沒有人比你更適合這個職位。

4. 禮貌禮貌之外還是禮貌

有禮貌在航空產業中絕對是非常重要的一個特質。在求職信的最後，一定要感謝他們閱讀及考慮你的履歷，如果有什麼需要，你願意隨時提供文件及資料供他們參考或審核。

Cover Letter 範例 1

[Your Name]
[Your Address]
[Your Phone Number]
[Your Email Address]

[Date]
[Name of Recruiter]
[Title]
[Recruiter' s Address]

Dear Sirs/Madams

I am writing you in response to your advertisement in the news of your official website. I would like to apply for the cabin crew position of your company.

I flew to Singapore by your company in the summer of 2008, and I was strongly impressed by lively performances of your flight attendants onboard. Flying hours was not that long. I, however, enjoyed the amazing service delivered by your cabin crews. They always tried hard to satisfy every passenger' s requests, which urged me to be one of the flight attendants of your excellent service team. I, now, am an English teacher. I have been dreaming of becoming an excellent flight attendant since I was a little boy. In order to make this dream come true, I chose English as my major in college to enhance my English proficiency. At the junior year, I joined the "work and travel" program, which was hosted by U.S. government, and worked for Starbucks as a waiter and barista in Washington Dulles International Airport for summer time in 2006. During those days, I had learned how to proactively find the customers' needs, be a good team player with my teammates and offered them a lovely service.

Last but not least, I do appreciate you for spending your time reviewing my documents. Should you require any more information, please do contact with me.

I am looking forward to hearing from you soon.

Yours sincerely
（你的名字）

Cover Letter 範例 2

[Your Name]
[Your Address]
[Your Phone Number]
[Your Email Address]

[Date]
[Name of Recruiter]
[Title]
[Recruiter' s Address]

Dear Sirs/Madams
"My name is XXX and I am a graduate from London University, Department of English. I would like to express my interest in

the position of flight attendant at XXX and have enclosed my resume and background information for your review.

I am always looked upon as a responsible, diligent, and reliable person. When I was junior in the university, I had a part-time job as a server in a Japanese restaurant, where I was taught not only service-related skills but also how to handle emergency situation. One time, I found a customer walking in with a very pale face, and I approached him right away, asking him if he needed any assistance. Meanwhile, he collapsed and I did a CPR right away. Fortunately, he was back to consciousness.

"I believe I am a strong candidate for XXX because of my past relevant service experiences. I am also a good team player, knowing how to follow orders and communicate well with my team members. "A copy of my resume is enclosed for your reference. I would appreciate an opportunity to discuss my qualifications at your earliest convenience. I can be reached via email at xxx@gmail.com. Thank you for your time and consideration.

Yours Sincerely,

____

（簽名）

Lyna 小叮嚀

面試後繳交的履歷，有手寫自傳的部份。這部份要看的是考生的字跡，以及塗改次數，從字跡也可以看出一個人的潛藏人格。

表內欄位專用
正楷細填

FORM NO：II-0044-04

中(英)文履歷自傳
Autobiography
西元2016年 6 月 18 日填

英文：My name is Hsu-Ling Huang, also called Lyna, from Kaohsiung. I am always thought of as a diligent, helpful, outgoing, and never-give-up person. Being a flight attendant has been my dream since I was little. In order to fulfill it, I joined T.G.I Fridays to accumulate my service-related and customer-handling experiences, where I was the best of displaying the core value of teamwork, and learned the skills of communication and taking care of emergency situations, and the most important thing I picked up was always to put yourself into others' shoes. I, as well, am able to work under high pressure. Besides, I have spent most of my leisured time sharpening my English ability because I understand how important it acts for airline industry. The definition of best service for me is always wearing smile on the face and serving people with the heart. I strongly believe that my characteristic, passion, and working experience can make me a valuable asset to your company and hope I can be honored to join your excellent team, to offer our passengers safe and comfortable journeys.

長榮集團

FORM NO：II-0044-04

Chapter 4
完美應考大作戰

過關斬將的航空面試

當所有的初步資料審核通過後，就會進入面試階段，其中包含「初試」、「複試」甚至還有「總決選」。這些關卡也在航空考試流程中扮演重要的一個環節，最終能否成為空服員，關鍵在於面試的表現。因此，這一章節 Lyna 會帶大家了解面試的細節與秘密，並且針對過去常見的應考題型，逐一釋疑解析。希望藉由這章節的詳盡簡介，讓大家能在面試考場上有最完美的表現，順利過關斬將。

／面試時考官在意的重點／

應考生在還沒參加面試，從投遞履歷開始，考官就會由下列重點做初步篩選：「身高」、「體重」、「照片」、「年齡」、「學歷」、「工作經驗」、「主修科目」、「語文能力」、「特殊專長」。在第二輪的面試海選中，更會注重考生的臉部膚質、外貌、整潔、笑容及牙齒、談吐、氣質、應對能力，以及親和力（是否讓人感覺很有距離感）等。

海選與初試除了看以上這些項目外，尚有 30 秒自我介紹、朗讀廣播詞短文或是團體討論，在這些過程中大約就會淘汰掉將近七成左右的考生。而這些流程的目的，就是讓考官做初步的篩選。通過門檻條件的考生，考官才會對其進行下一步的深入了解。也就是說，你要先符合考官的條件資格後，才有機會去針對履歷內容上表現自己。履歷上面的個人資料延伸應答在複試或者 Final Interview 才會與考官有互動的機會。

到了複試或者 Final Interview 的時候，各式各樣問答的背後，其實都隱藏著考官真正想了解重點。在此，Lyna 也幫大家歸納出了幾大項供作參考：

1. 你是否對於自己夠了解
2. 你是否對於空服員的工作內容夠了解
3. 你是否對於航空公司的文化理念夠了解
4. 你與其他求職者比起來，有什麼更出眾的能力專長或特質
5. 檢核你履歷中提及的經歷與能力是否屬實，言論與履歷是否一致
6. 應對能力與抗壓性
7. 職場態度與責任感

UIA 航空培訓機構內部模擬面試用考官評分表

UIA 模擬面試 學員評分表（考官用）					模擬航空名稱：				評分官 / 日期：				
學員編號		1			2			3			4		
面試關卡		關卡 1	關卡 2	關卡 3	關卡 1	關卡 2	關卡 3	關卡 1	關卡 2	關卡 3	關卡 1	關卡 2	關卡 3
英文	發音												
	文法												
	流暢度												
	語調												
	單字使用準確度												
	其他												
妝容	底妝乾淨度												
	修容氣色呈現												
	眼妝濃淡度＆位置												
	眉毛平衡												
	整體妝容完整度												
	髮型												
	其他												

學員編號		1			2			3			4		
面試關卡		關卡 1	關卡 2	關卡 3	關卡 1	關卡 2	關卡 3	關卡 1	關卡 2	關卡 3	關卡 1	關卡 2	關卡 3
儀態	整體服裝												
	站姿												
	坐姿												
	頭髮												
	口條清晰												
	眼神接觸												
	其他												
企業&職場	企業熟悉度												
	工作忠誠度												
	團隊合作												
	職場倫理												
	危機處理												
特殊題型反應能力													
總結與備註													

／ 面試應考服裝 ／

好的應考服穿著除了能修飾身材線條之外，更能表現出你的自信與態度，讓整個人看起來更俐落。不合身的應考服除了很難呈現優美身形外，也容易阻礙肢體活動的流暢度，因此無法將你最完美的那一面呈現給考官。

關於應考服的注意事項，男生與女生又有不同差異，而且因為男生的服裝儀容相較於女生來說簡單一些，所以男性考生的妝容就一併在服裝的注意事項裡說明。

• 男生應考服注意事項

1. 請著合身且乾淨的整套西裝（包含外套、襯衫、褲子）。配色以黑色、灰色、深藍色為主。為了呈現較穩重的形象，請避免選擇亮面材質的西裝。風格上以英式、美式為主，切勿選擇華麗韓風。
2. 皮鞋(黑色或咖啡色為主)。
3. 全黑素色的襪子。
4. 領帶。
5. 眉毛及鬍子修整乾淨。
6. 髮型以純色整齊為宜。
7. 臉部瑕疵可稍做遮瑕處理。

• 女生應考服注意事項

女生的應考服裝，以簡單的素色襯衫搭配及膝套裝裙為主。

看似常見的正式裝扮，其實仍隱藏許多重點與細節喔！以下 Lyna 一一向大家說明：

1. 無論是襯衫還是裙子，建議選擇防皺的材質且不能太薄。筆挺的套裝看起來質感較佳，同時也耐穿與耐看。
2. 襯衫領口要挺，以有襯墊的為佳。挺立的領口可以讓整個人的線條更為乾淨俐落。
3. 襯衫領口不要太寬，太寬的領口容易讓脖子視覺效果看起來變短。
4. 襯衫顏色不一定要是白色，重點是要挑選能襯托出自己膚色的顏色。但仍須以素色、淺色且不花俏的樣式為主。
5. 袖子的長度與袖口的剪裁很重要，不能太寬鬆。袖口如果太大，會讓四肢的比例顯得奇怪。
6. 裙子切忌太低腰。腰線抓太低的裙子，會讓你與其他考生並列於考官面前時，視覺上腿的比例顯得較短。
7. 裙子的長度需及膝或在膝上 2-3 公分皆可。
8. 建議選擇自然膚色的絲襪。避免選擇 Den 數太高的絲襪，也不要選擇顏色太白的。否則與膚色不搭的絲襪，會讓你的腿在遠看的視覺效果上，顯得非常不好看！
9. 穿著黑色包頭跟鞋，跟高 5-8 公分都可以，不建議穿太細跟。選擇皮面的會比亮面來有質感，也不要選擇蛇皮或麂皮鞋，否則容易顯得過於成熟幹練。

Lyna 小叮嚀

襯衫：帶有線條質感的素白、米白、淺粉紅、藕色、淺黃、淺藍都是不錯的選擇。但是考場最常見的還是以白色襯衫為主，可以視個人喜好來選擇。

裙子：千萬不要穿超短裙，Lyan 曾在考場看過一位考生穿著超短裙、搭配黑色內衣，站在台上彎腰繳交資料的畫面，台下坐著的幾十位考生都替她捏了一把冷汗，覺得她是不是跑錯考場了？至於她後來有沒有晉級到下一關，聰明的你應該也猜到了吧！

絲襪：絲襪是損耗品，建議多帶一雙在考場備用。

鞋子：如果是國籍航空招考也可以穿尖頭鞋。但露出絲襪的魚口鞋則不太適合，畫面比較不雅觀。但有些廉價航空有其特殊要求則不在此限，例如威航需穿平底鞋應試。

應考服的剪裁好壞，足以影響一個人看起來的視覺比例。這兩位同樣身高 164 公分，身材比例相近的女生，穿上不同的應考服視覺效果截然不同。

- **應考服裝配件單品**

面試應考時千萬不能忘記戴手錶，因為空服員的時間觀念非常重要！考官最喜歡刁難沒有戴手錶的考生：「請問你知道現在幾點嗎？」大家可以想見這時候的氣氛有多凝結。Lyna 甚至還聽過沒戴手錶的考生被嚴厲的考官直接請出考場呢！

除了手錶之外，還可以依據個人喜好準備的配件有：珍珠耳環、簡單款式的項鍊、小黑夾、飛機胸針等等。

素雅、典雅款式的手錶為宜

嘻哈風、卡通、螢光色錶是 NG 配件

／面試彩妝教學／

網路上的彩妝教學資訊很充足，也有很多教學影片可以學習，所以現在女生的妝容都化的非常好看，甚至有專業的等級。不過，空服員的妝容還是盡量以「乾淨透亮」為主，尤其能強調明亮肌膚的透亮妝最好，濃妝或太有個性的彩妝則盡量避免。雖然網路上有一說法是：航空彩妝眼影和口紅一定要某種顏色才可以，但這一點並不正確，千萬不要誤信謠言。首當要務就是先了解自己的臉型特色，找到適合自己的妝容，就能夠化出展現個人魅力的彩妝。

- **基礎保養**

前面文章有提過，航空面試考官非常注重考生的膚質，因此，平日做好基礎保養是非常重要的一件事。必須要先了解自己的肌膚屬於乾性 / 油性 / 混和性肌膚，找到合適的保養品，做好妝前保養，才能給肌膚充足的保濕滋潤與鎖水，也利於上妝後呈現更完美的妝容。

- **底妝步驟**

STEP1 打底

先從最重要的「打底」開始。成功的打底，可以讓你在考場經得起長時間的等待，膚質清透持久。可以選擇有保濕成分的隔離霜，以及有防曬係數的釋底乳先打底。在品牌的挑選上，不一定要選專櫃品牌，很多開架式商品也都可以達到很不錯的打底效果。

STEP2 底妝

接下來是上底妝。不管你習慣用粉底液、BB 霜或 CC 霜皆可，重點是找到自然且符合自己的色號，盡可能避免臉部與頸部有色差。若四肢的膚色偏深的考生，建議四肢與臉部的膚色不要有兩階以上的色差。無論你是用手指推開，還是用海綿或刷具，要注意的重點就是均勻推開，而需要遮瑕的部位可以用「點妝」的方式多上一點點的粉底液。

STEP3 遮瑕

上完底妝之後，重點部位請好好地做遮瑕處理。因為好的膚質也代表有好的體質，很多航空考官會近距離細看考生的肌膚狀況，所以本身皮膚若有痘疤，黑眼圈較重、微血管明顯、雀斑等等的小細節，請確實做好遮瑕的動作，建議大家盡可能替自己打造出無瑕美肌。

STEP4 定妝

在底妝、遮瑕都均勻上妝後，請用刷具沾取適量的蜜粉來做定妝。質地細膩的蜜粉可以補足毛細孔的空缺，達到底妝平整的效果。在蜜粉之後，可以再上粉餅，用海綿拍壓的方式，讓肌膚底妝更紮實。

- **彩妝步驟**

STEP1 眉型

眉型的線條不但會影響眼睛神情的呈現，也會是表情的第一印象。過高的眉峰角度會讓人感覺驚悚，過平的眉型無法修飾眼部輪廓。而在考場低頭唸廣播詞的時候，考官的角度最容易看到的就是考生低頭的眉宇。如果不會修飾眉型的朋友，建議可以找專業的修眉師先協助修眉（有些百貨專櫃、美髮業、美容小店都有提供修眉服務，收費不貴），之後再用眉筆眉粉去上色與補滿眉型。

大家可以注意到眉粉盒附上的刷具有分兩頭不同的刷毛，扁平的那端是用來勾勒眉型、填滿及加深眉尾，而軟毛刷的那端則可以刷淡色的眉粉於眉頭，柔化眉頭的線條。眉頭淺、眉尾深，才能呈現出有層次的眉型。

STEP2 眼妝

若眼睛容易出油的考生，建議可以先上一層眼部打底膏，大幅降低眼妝因為出油而暈染。

眼影：

建議使用大地色系、粉色系、珠光咖啡色、綠色或紫色，或者使用市面上常見的四色眼影盤，依照顏色深淺堆疊。通常開架的四色眼影盤上外包裝都會有區塊分色教學，重點是接近眼線的部份要深。也禁忌太重的煙燻妝感，妝容乾淨有氣質，有親和力，眼影的色系選用就扮演很重要的角色。

眼線：

使用眼線筆、眼線液、眼線膏都可以，以順手不易暈染為原則。眼線的畫法為靠近睫毛的根部，從眼頭到眼尾沿著眼型描繪，線條不要太粗。注重的是眼尾的線條延伸角度與延伸長度。而下眼線的部份建議可以在眼尾加強即可，若整個下眼線都畫滿，會讓妝感顯得過於濃艷。

雙眼皮貼：

單眼皮的面試者無論男女其實都可以使用雙眼皮貼。自然的雙眼皮貼可以加強眼睛神情，遠看也有放大眼睛達到炯炯有神的效果。

睫毛膏：

可以選用濃密纖長的防水睫毛膏。刷睫毛膏的小訣竅是垂直往上根根分明刷上，而在刷睫毛膏之前，請再三確認自己的睫毛是否已經夾得夠直挺；使用睫毛夾時，夾的次數需多次且速度要快，由根部開始往中段夾，使睫毛呈現垂直狀，再刷上睫毛膏。因為一旦刷了睫毛膏之後形狀就定型了，再夾也沒有效果囉！

黏接假睫毛也是可以讓眼睛神情更明亮的方式之一。但是要選擇自然濃密的款式，黏貼的角度注意不要壓眼，需讓假睫毛能往上撐起眼皮，而頭尾的膠要充足。

STEP3 腮紅

腮紅下手顏色要重，因為這是最容易褪掉的部份；在考場會因為時間久並且不斷補妝而慢慢變淡，因此腮紅要比你平常習慣的色彩再重一點點。化腮紅的位置從微笑三角肌去均勻刷開即可，注意要自然的點綴在雙頰暈散，而不是結成兩塊狀喔！

STEP4 唇彩

可以使用唇膏或者唇釉，但是要記得不論使用何種唇彩都要先上護唇膏做好保濕。顏色選用正紅色、粉色系、桃紅色都可以，但是建議不要選擇螢光色感太重的唇彩，或是有帶橘色、紫色的唇彩，會顯得不夠端莊正式。

Lyna 貼心小提醒

指甲油、腮紅、唇彩的三個顏色可以互相搭配，協調的色系會讓整體妝感更一致。

STEP5 牙齒

笑容真的很重要，所以牙齒也算是臉部妝感的一部份，整潔白皙的牙齒才能夠受到考官喜愛。因此，可以在面試前先做牙齒美白；選擇有美白功能的牙膏，或是短效型美白貼片，刷牙次數頻繁勤快仔細一點，少喝會染色的飲料，才能保持牙齒的亮白整潔。

Lyna 貼心小提醒

很多人以為男生不用上任何妝，其實不然！男生建議也要注重遮瑕以及眉毛的眉型。修去眉邊的雜毛，若有必要補一點眉粉是可以的。也可以上一點自然的底妝，讓肌膚透亮，使五官更為乾淨亮眼。

鬍子必須要刮乾淨，嘴唇可以上一點淡色護唇膏，不要帶著龜裂的嘴唇去面試，要讓自己看起來有健康氣色。另外，也可噴一點淡香水，容易流汗的朋友夏天要記得噴止汗劑。

- **走路重點**

1. 肩膀自然垂放，抬頭挺胸
2. 保持正常的行走速度
3. 手隨走路頻率自然揮動，幅度不要太大
4. 保持手指的優美線條，beautiful finger 的訣竅在於自然放鬆不能僵硬
5. 走路的視線保持往前凝視，不要看地板或四處飄移
6. 行走時臉部表情保持愉悅微笑

- **站姿重點**

1. 找到下盤的穩定度，腿部站立定位後將雙手交疊放在肚臍的位置，或者自然的垂放在身體的兩側，穩定不揮動。
2. 女生找到可以修飾腿型的站姿，若是有 O 型腿的朋友可以運用前後站立的角度來掩飾。男生就是雙腳與肩同寬站立，雙手交疊在前側。
3. 保持下半身穩定，而上半身可以自然的隨著頭部轉動稍作左右轉動。

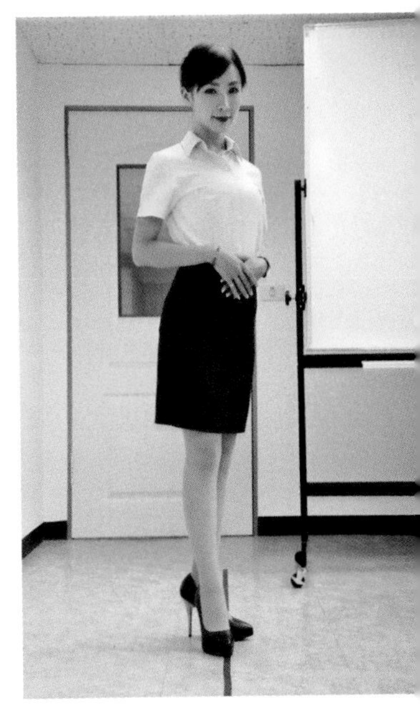

- **坐姿重點**

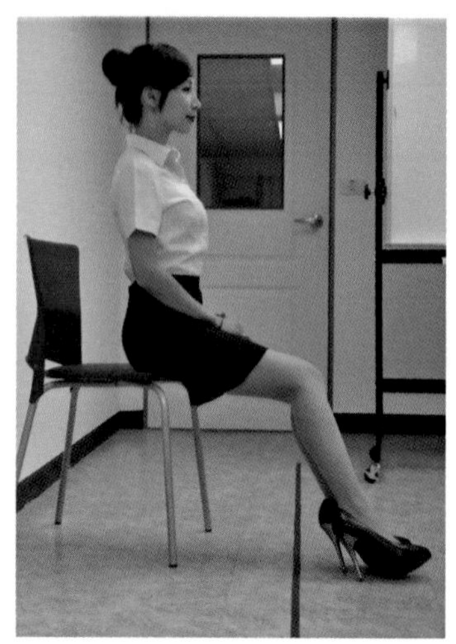

1. 目測好座椅的距離，女生在順一下後方裙擺後坐下，建議坐在座椅的前二分之一，不要往後靠。雙腿擇一往前，一前一後優美交疊，雙手可以輕放在兩腿中間擋住裙縫避免走光。男生雙腿保持與肩同寬，或者略微併攏坐下，一樣坐在座椅的前二分之一即可。
2. 保持挺胸，面帶誠意與微笑。身體不要左右搖晃，頸部以上可自然轉動。

- **手勢注意事項**

1. 忌諱太多誇張的手勢，隨著自己的談吐內容做出自然的手勢即可。
2. 不知道雙手要放在哪裡時，可以放到肚臍左右的位置交疊互握。

／注意禮儀／

1. 注意面試的禮貌，對現場工作人員以及考生都保持禮貌問候，把「您好」、「請」、「謝謝」、「不好意思」常掛在嘴邊。
2. 注意敲門、開門、關門的禮儀。
3. 不確定的事情可以先詢問，千萬不要擅作主張。

／面試前一晚的準備／

1. 檢查需要攜帶的文件，依序排列好，最後校稿看看資料是否填寫正確。
2. 檢查需要攜帶的服裝、飾品、彩妝造型品、備用絲襪等等。
3. 穿戴整套的應考服裝、絲襪與跟鞋，繞著家裡走路、站立與坐下，讓自己感到自然與自在。
4. 錄音練習，再次確認自己的微笑聲線。
5. 美容保養，好好抬腿、敷臉。按摩一下手腳與肩膀，在床上拉筋。
6. 針對隔天的面試內容做小複習、自我介紹或準備回答內容。
7. 運用吸引力法則觀想，面對鏡子裡的自己微笑，對自己說：「加油，明天你一定可以表現得很棒！」閉上眼睛觀想，想像自己已經穿著空服員的制服、拖著行李箱，優雅地走在機場的長廊上。相信自己會考上，並且即將走在成為空服員的道路上。
8. 睡眠充足很重要，可以的話就早一點休息。
9. 如果會容易緊張的朋友，可以先準備好讓身心放鬆的飲品與靜坐，聽聽舒服的音樂以利入眠。

Lyna 小叮嚀

美容保養

容易過敏的朋友，不要在考前一天嘗試從來沒用過的面膜。若面試當天有過敏的反應起紅疹等，都會影響心情與表現。

睡眠

如果有使用精油的朋友，可以帶喜歡的精油到考場提神，讓心情愉悅。

／ 赴考場當天的準備 ／

事前做了這麼多的準備，總不想在面試考場當天因為遺漏資料或出差錯而錯失機會。因此考前的準備清單逐項列表很重要，包含：

1. 需要繳交的文件；航空公司制式化的表格／需要沖洗的照片／畢業證書／免役證明或退伍令（男性考生）／語文專長證書影本與正本。
2. 如果有改名字的考生，請攜帶近三個月的戶籍謄本。
3. 最高學歷畢業證書，建議可以在畢業時一併跟學校申請英文的版本，以備不時之需。
4. 準備L型夾把資料依順序放妥，身分證明文件一定要攜帶。建議正本與影本都攜帶。文件資料可以儲存USB隨身硬碟或者放在雲端備份，即便缺漏資料也可以隨時到附近的超商列印。
5. 補妝用品&備品的準備，女生會比男生繁瑣一些，例如粉餅、腮紅、唇彩、順髮膏、綁頭髮的橡皮筋、U型夾、小髮夾等等都需要隨身攜帶。另外絲襪多準備一雙，耳環建議選用珍珠耳環，如果高跟鞋是到現場才做更換，請一定要記得檢查高跟鞋有沒有攜帶。
6. 準備禦寒的披肩或外套。通常面試地點會在機場或公司總部或者知名飯店接待廳。考場的共同點就是冷氣都開很強，披肩或外套可以備不時之需。
7. 準備飲用水與充飢的小乾糧。車程與等待的過程漫長，帶些體積不大的小食物可隨時補充熱量，避免在饑餓的時候容易腦袋一片空白。適當喝點水潤潤喉，也避免講話的時候出現卡痰等窘境。

8. 準備航空公司相關的資料。例如官網新聞、維基百科、廣播詞短文、英文詞彙等，等待時間可以看看手邊的資料。習慣滑手機的人可以用看文件資料替代，以打發時間並減緩緊張感。

9. 不該出現的東西不要出現，請不要攜帶男 / 女朋友、布偶、隨身音響。

10. 再三確認時間日期與地點，並且查詢清楚交通路線（尤其是外縣市的考生）。Open Day 以外的面試通常會發出預估時間，因此不需要太早到現場等待，但也不要把時間抓的太緊，預留一些風險時間，避免因為交通阻塞、跑錯考場、迷路等突發情況而導致遲到。提早 30 分鐘至 1 小時到面試現場等待是比較合適的，因為在考場等待太久其實也會耗盡精神，進而影響面試的表現。

    若是 Open Day 的面試，就請大家抱持排福袋或者搶旅展的概念，盡可能地提早到現場排隊，越晚到現場見到考官的機率越低。且通常考官到下午接近尾聲時會顯得疲憊，臉色也會比較臭。數據顯示，考生見到面色難看的考官通常有 80% 會被影響表現，無論語調或神色都會顯得更緊張。

11. 手機記得關靜音，不要帶太多貴重的物品在身上。因為進入考場時有一段時間包包或隨身物品會離開視線範圍，因此準備方便攜帶的物品即可。

12. 外縣市考生若需要拖著箱型行李入考場，記得避免選擇輪子會發出很大聲響的行李箱，因為考場通常都很安靜，拖著嘎嘎作響的行李容易引起側目。

什麼是 Open day ？

Open day 網路術語會簡稱為 OD，意即不需要邀請函，也不需要收到初試通知，只要符合條件的考生皆可於指定時間到指定地點，繳交公司規定的面試準備資料，直接參與面試招募。

Open day 注意事項

1. 一定會大排長龍，因為報考人數往往會超出預期，因此建議考生們提早去現場排隊。例如開放時間是 9：00-17：00，通常早上 7、8 點就會有不少考生到現場排隊等待，中午過後才到的考生，常會因為排隊隊伍過長，在結束前都沒有機會輪到的案例，等同失了面試機會。
2. 選擇好一點的紙質列印履歷資料（例如：CV、cover letter），展現你對此次面試的重視。
3. 繳交資料的時間等同於初步面試，收取資料的人等於是你的初試考官。他們可能會簡單問你一兩個跟履歷相關或無關的問題，因此需要先做好準備。短短的資料繳交時間裡，考官就可以根據表現對你評定第一印象分數。
4. 是否晉級複試的通知方式，根據不同航空公司有不同的方式，例如：

   （一）現場給予秘密信函，請考生離開再拆。若信件內直接獲得編號，收到神秘信函等於取得複試的機會。

   （二）現場告知考生可以直接在現場等待，進行下一關面試。

（三）請考生回去等待，用電話或 E-mail 的方式通知晉級複試，因此要保持電話暢通，並且定期檢查電子郵件的垃圾信箱。

5. Open day 方式的招募流程通常很緊湊，初試後接著層層關卡複試，整個面試流程會在幾天或者是一兩週內完成，複試競爭非常激烈，幾乎沒有什麼準備的時間。我常說，OD 是一氣呵成的速戰速決戰爭，從訊息公佈後就要密集的準備，不停模擬練習考古題。因此，應該要從「平常」就開始著手準備，等待適當時機，碰上心中理想的航空公司來招募時，這些準備就能派上用場，一舉考取圓夢！

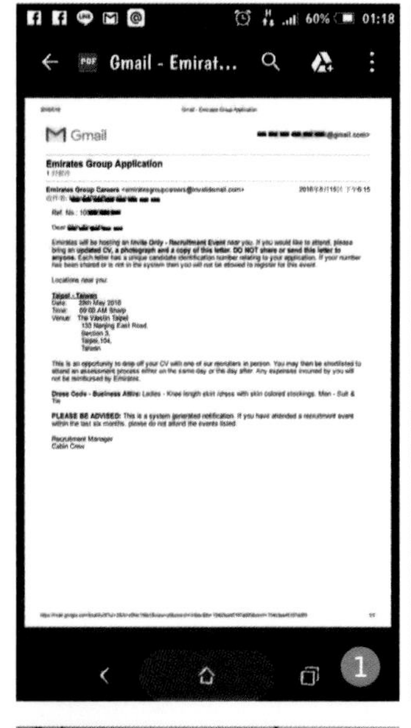

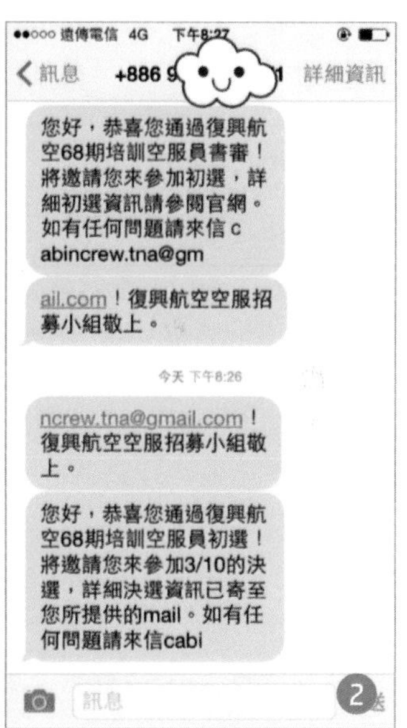

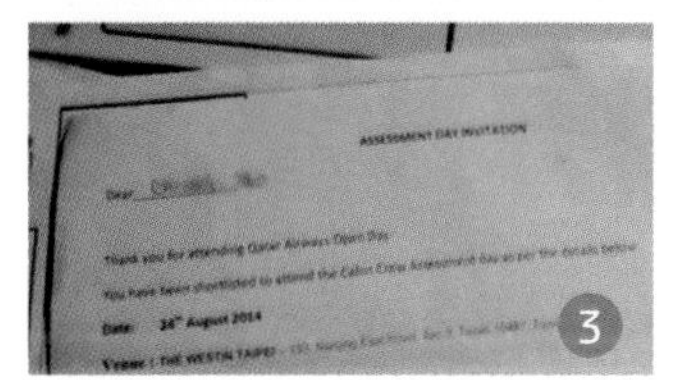

1. 阿聯酋面試簡訊通知截圖
2. 復興航空簡訊通知截圖
3. 卡達航空「神秘信函」面試通知截圖

／國籍航空海選面試／

國籍航空海選最常見的考題是朗讀，朗讀的內容是廣播詞或是雜誌短文或是新聞稿，文章語言多半以中文、英文、台語三種為方向。

為什麼國內兩大龍頭航空公司，都選擇用廣播詞或短文閱讀做第一關卡呢？因為一個短短的廣播詞過程就有非常多的細節在裡頭，包含開門、關門、進考場的問候語、表情朝氣、走路儀態、站立姿勢、聲音表情與肢體表情等等，考官會從細節中看考生是否能從頭到尾展現一致性。

- **廣播詞關卡（public announcement，簡稱 PA）**

通常考生會依照編號排序，依照時間組別分批進入考場。

1. 輪到的組別會在考場外列隊，開門的時候，就是運用黃金 10 秒展現自己的最佳時機。國籍航空通常會在這一關要求走ㄈ字型或 L 型台步，走路的速度跟平常走路差不多即可，雙手自然擺放，定點就位後跟考官問好，並且聆聽考官的指令。
2. 向前拿取廣播詞，或者考場人員會在考生進場前，發放廣播詞讓你拿在手上走入考場。有些航空公司規定可以在即將輪到你時看一下內容，有些航空公司則規定不能提前看。違反規定會被扣分或者會直接被逐出考場（依考官要求而不同）。拿廣播詞時也有很多的細節，包括是否有掌握適當時間跟考官 eye contact，總之，從進去的那一秒開始都要保持完美笑容與儀態。

3. 注意自己的肢體語言，是否有因為緊張出現挑眉、皺眉、抿嘴、晃動身體、手肘打開、看地板、咬嘴唇、舌頭在嘴裡攪動、駝背、低頭、眼神亂飄、身體歪斜、手指抖動、不停眨眼等情況。

4. 輪到自己唸廣播詞時，請穩定自己的站姿，雙手優雅地拿取並放在適合的角度，先跟考官問候之後開始朗讀。朗讀時的聲音線條要符合自己的性格，可以誠懇、可以甜美、可以穩定、可以舒服、可以成熟，但是要咬字清晰順暢。音調有些自然的起伏、抑揚頓挫是可以加分的。廣播詞手稿卡的拿取跟唸完擺放回原本位置的姿勢也要注意。

5. 斷句的地方，可停頓抬頭用眼神跟考官會意，再繼續穩定柔和的唸下去。最後像要把考官融化般地笑開，點頭說聲謝謝。廣播詞唸完需拿在手上出去交還，或是唸完放回原位，一切以考試現場的規定為主。

6. 必須記得「遵從現場指令」，是否要先報編號？是否要說出名字？如果規定「不能」說出名字就要千萬小心，不要慣性地把熟背的自我介紹名字說出來，否則會因此而被扣分。但無論如何，都一定要先記得面帶笑容自然地向考官問好。例如：「考官早安」、「考官午安」、「考官好」、「您好」。

7. 輪到別人唸的時候，也要穩住自己的儀態不能鬆懈。可稍微旋轉上身側向說話的考生，眼神凝視表示專注聆聽，並且面帶微笑。

8. 集體唸完結束後，眼神回到考官身上，並且記得露出燦爛的笑容。

9. 繳回短文或廣播詞資料時，放置歸位後，可向考官稍作點頭示意，之後轉身優雅走回定點，但千萬不要因為緊張而倒退走回定點。同時記得向工作人員說聲謝謝。

10. 離開考場時也要注意禮貌，挺身優雅的面帶微笑離開考場，並注意走路不要因鬆懈而低頭。

- **機上廣播技巧**

機內廣播為客艙組員與乘客溝通的重要橋樑。因此，執行廣播的精要在於清楚、正確、完整地佈達重要訊息給乘客，同時避免流於形式或倉促的負面感受。所以，在唸廣播詞時，可以運用下列技巧來維持良好的廣播水準：

A. 掌握五大原則

1.咬字發音準確：

咬字應清晰可辨，對於不確定的發音方式，請查詢資料或請教專業人士，並多加練習。

2.音量力度的掌握：

力度過大或過小皆不適宜，請依 Interphone 狀況適度調整離嘴距離以控制音量，並呈現有精神及活力感的廣播力道。

3.速度流暢的表達：

注意速度的控制，避免過快影響發音的清晰度及內容的傳達，字句的銜接應呈現精準流暢的節奏。

4.語調技巧的運用：

語調自然為主，切勿忽高忽低，避免將單字及句子的尾音刻意上揚。善用聲音表情，以帶著笑意的嘴型及懇切的語氣廣播，給予乘客更溫暖的感受。

5.音色表現合宜：

音色因個人而有不同特質的展現，請視自己的音質適度調整音頻，秉持帶給聽者自然愉悅感為原則，勿太低沉給人沉重感，或太高昂令人感到突兀。

B. 執行廣播之前，先深呼吸一口氣，調整心情，勿因先前的工作步調影響整體廣播速度。

C. 夜航航班或發現多數乘客都在休息時，應貼心留意廣播音量的控制及語調的柔和。

D. 若發現 Interphone 狀況不良影響廣播品質，例如有雜音或音量設定過大過小，務必請機務人員檢修。

- **找到最適合自己的聲線**

平常練習的時候，可以找一篇長短適中的文章（機上雜誌、廣播詞、旅遊文章、新聞皆可），想像考官的位置就坐在自己房間的斜對角，必須要讓對角線那個最遠位置可以清楚聽到自己的聲音，以及明白所朗讀的內容。適當距離拉開後，調整呼吸，開始朗讀手邊準備的文章。聲音透過拋物線的方式，可試著調高調低、調快調慢，透過不斷的練習來習慣這種朗誦文章的模式，並且找到最適合自己的聲線，建立自信。

透過入門文章找到適合聲線之後，接著可以進階練習更換文章，目的是讓自己可以增加應變能力。

練習重點

1. 保持微笑朗讀
2. 適當的停頓與抬頭保持眼神交會
3. 語速的控制
4. 帶著愉悅的心情調整音頻
5. 更換文章（中文 / 英文）

- **國籍航空廣播詞參考範例**

各位貴賓：

我們現在已經到達松山機場，在飛機還沒有完全停止以及「請扣安全帶」的指示燈沒有熄滅以前，請您不要離開座位。再次提醒您，請勿使用行動電話及所有電子儀器用品。同時，當您打開行李箱時，請小心箱內物品滑落。下機時，請別忘記您的手提行李。

XX 航空公司感謝您的惠顧，希望您能再度搭乘。謝謝！

各位貴賓：

我們現在已經降落在中正國際機場，在飛機還沒有完全停止以及「請扣安全帶」的指示燈沒有熄滅以前，請您不要離開座位。再次提醒您，請勿使用行動電話及所有電子儀器用品。下機時，請別忘記您的手提行李。

同時，中華民國海關已於中正國際機場實施旅客紅綠線通關制度，請各位貴賓參照申報單說明，誠實申報所攜帶物品。

XX 航空公司感謝您的惠顧，希望您能再度搭乘。謝謝！

各位貴賓：

我們現在已經降落在中正國際機場，在飛機還沒有完全停止以及「請扣安全帶」的指示燈沒有熄滅以前，請您不要離開座位。再次提醒您，請勿使用行動電話及所有電子儀器用品。

我們將在此停留 1 小時辦理通關手續，請您將護照、手提行李及所有托運行李帶下飛機，由地勤人員引導您至出（入）境室辦理班機銜接手續。

XX 航空公司感謝您的惠顧，希望您能再度搭乘。

• 國籍航空中文廣播詞短例句

1. 登機階段

- 各位貴賓，為了大家的舒適及安全，請將手提行李放在座椅上方的行李箱內，或是前方的座位下。
- 當您打開行李箱時，請小心箱內物品以免滑落，如果需要協助，請通知機上的空服人員，謝謝！

2. 起飛階段

- 各位旅客，飛機即將起飛，請確認你的安全帶已經繫好了，謝謝。
- 各位乘客，請遵守「繫緊安全帶」的燈號，謝謝。
- 為了飛航的安全，全程禁止使用電子產品，謝謝。
- 各位貴賓，為了大家的舒適及安全，請將手提行李放在座椅上方的行李箱內，或是前方的座位下，當您打開行李箱時，請小心箱內物品以免滑落，如果需要協助，請通知空服員，謝謝。

3. 短歡迎詞

- 歡迎大家搭乘本航班，本班機預計抵達時間為 9:30，目的地澳門的天氣是晴天，溫度大約攝氏 27 度。
- 各位貴賓早安，歡迎搭乘____________ XX 航空 / 班號________的班機，預祝各位有個舒適的旅程。

歡迎詞

各位貴賓，早安 / 午安 / 晚安：

・很高興在這清新美好的早晨

・很高興在這午後輕鬆悠閒的陽光下

・很高興在這傍晚美麗夕陽的陪伴下

・很高興在這一個寧靜美好的夜晚

歡迎您搭乘 xx 航空第 ____________ 號班機 ,(經 ________) 前往 ________ (城市名)。現在，我們將為您介紹本飛機各項安全設備及使用方法，此資訊相當重要，請您注意觀看以確保安全。謝謝。

Good morning/afternoon/evening ladies and gentlemen,

- On this beautiful morning, it is our pleasure to welcome your aboard.
- On this pleasant afternoon, it is our pleasure to welcome your aboard.
- On this lovely evening, it is our pleasure to welcome your aboard.
- Welcome aboard.

_________ Airways flight _________ / _________ AIR flight ________ to ________ (City) (via ________). Shortly, we will show the safety demonstration for this aircraft. You are highly encouraged to pay close attention to this demonstration to ensure your safety. Thank you.

元旦新年 New Year 假期

各位貴賓，早安 / 午安 / 晚安：

一元復始，萬象更新，今天適逢元旦佳節，機長________、事務長________及全體組員祝各位貴賓新年快樂，心想事成！

歡迎您搭乘 xx 航空第________號班機（經________）前往________（城市名）。現在，我們將為您介紹本飛機各項安全設備及使用方法，此資訊相當重要，請您注意觀看以確保安全，謝謝。

Good morning/afternoon/evening ladies and gentlemen,

Today is beginning of the New Year ________ (20XX). Airways, Capt. ________ , Chief purser ________ and the entire crew would like to extend a special welcome to each of you on flight ___________ to __________ (City)(via _________) and wish you a Happy New Year!

Shortly, we will show the safety demonstration for this aircraft. You are highly encouraged to pay close attention to this demonstration to ensure your safety. Thank you.

4. 餐飲 & 服務

- 王小姐這是您的餐點，請慢用。
- 各位旅客，我們即將提供晚餐的服務。
- 十點後將開始提供晚餐服務，謝謝。
- 飛機上有提供飲品，若有需要，請通知空服人員。
- 各位旅客早安，再過十分鐘，我們將提供早餐的服務，感謝您的耐心等候。

- 各位旅客，我們即將播放影片，您可以在第一頻道收聽，謝謝。
- 機上有提供免稅品銷售服務，若有需要請通知空服人員。
- 飛機即將降落，我們即將要結束免稅品的銷售服務。
- 現在我們將經過一段亂流，因此將暫停免稅品販賣的服務。
- 我們這裡有很多的免稅商品，有香水、化妝品，請問您有需要哪一種？
- 各位貴賓：由於氣流不穩定，我們暫時無法提供飲料服務，不便之處，還請見諒！謝謝！
- 本班機即將要通過一段亂流區，為了確保您的安全，請留在座位上，將安全帶繫好。謝謝！
- 我們有自由時報、中國時報，但很抱歉沒有聯合報，請問您要哪份報紙？
- 對不起，目前沒有零錢可找您，請稍等一下，請問您有面額小一點的紙鈔嗎？
- 需要茶還是果汁呢？/ 需要熱茶還是咖啡呢？/ 需要烏龍茶還是柳橙汁呢？
- 請問您的紅茶要加奶精還是糖？
- 請問您要海鮮飯還是豬肉的呢？
- 今天的餐點選擇有豬肉和魚，請問您要吃哪一種？

5. 緊急階段

- 由於飛機引擎出現異常 / 故障，請立刻繫好安全帶，我們將做緊急迫降。
- 艙門打開前，請把椅子豎直、桌子收好。

- 飛機即將起飛 / 降落，請將您的椅背豎直，收好桌子。
- 飛機機門即將要打開，請依序下機，謝謝。
- 請打開遮光板，繫好安全帶，椅背扶正。

● 國籍航空台語廣播詞

從 2015 年起，台語廣播詞佔面試的比重已經大幅降低，考試的台詞也偏向簡短的一、兩句左右。因此在台語廣播詞的準備上比以往容易很多。

把一些飛機上常用的語句用詞整理出來後，多在家練習，一些重點單字不要出錯，微笑流暢地唸完就可以了。實際面試時只要可以臉部表情輕鬆自然，穩定且順暢地唸完至少一句即可，考官不會太刁難。

- 登機時不需要出示護照，請持登機證進入機艙內，謝謝。
- 我們即將降落在台灣桃園國際機場。
- 飛機即將降落，我們要結束免稅品的銷售服務。
- 為了大家的安全，請不要在化妝室裡抽菸，謝謝。
- 根據機長的報告，我們將於 10 分鐘後下降高度。
- 機上有準備飲料，如有需要，請通知空服人員。
- 為了飛航的安全，請把行動電話關機。
- 現在為您介紹機上的安全設備使用方法。
- 請問您需要咖啡、果汁還是紅酒？
- 各位貴賓，很抱歉！本班機因為設備維修造成延誤，造成不便，請見諒。

- 各位旅客，您的行李可置於座位上的置物櫃中，或前面座位下方。
- 各位旅客，本班機有提供免稅商品的販售。
- 飛機即將起飛，機上燈光將全部關閉，需要我幫您開燈嗎？
- 飛機要起飛了，請準備關電子儀器。
- 不好意思，因為還有旅客尚未登機，會延誤起飛時間，請稍等一下。
- 您遺失的物品，我們會為您通知地勤人員。
- 現在飛機通過一陣亂流，請將安全帶繫好，並且留在您的座位上。
- 您的座位在直走右手邊，靠走道的座位。

Lyna 小叮嚀

不確定的發音可向親友詢問，或者上「台灣閩南語常用辭典」查詢。http://twblg.dict.edu.tw/holodict_new/index.html

- **機上英文廣播詞範例**

1. 降落前

   - Ladies and Gentlemen,
     We are preparing for landing, please fasten your seat belt, upright your seat back, stow seat table and foot rest properly. Please do not use cellular phones and other electronic equipment. Thank you.

2. 不穩定氣流

- The turbulence we have just experienced may have caused some discomfort to you. The air can be quite bumpy at times, but there is no need for alarm. However, if you feel uncomfortable, please let us know if we can do anything for you. Thank you.

3. 班機延誤

- Ladies and Gentlemen,
Due to flight delay, we apologize for any inconvenience that may cause you. For those passengers who will not be able to make their onward connections, our ground staffs will do our best to assist you on arrival. May we remind you, please reconfirm your reservations with our ground staffs and concerned airlines. Thank you.

4. 起飛前行李存放

- Good Morning/Afternoon/Evening Ladies and Gentlemen,
Welcome aboard. For your comfort and safety, please place your carry-on baggage in the overhead compartment or under the seat in front of you. Please be careful that your baggage is properly stowed in the overhead compartment to avoid dropping when opened. Please let us know if you need any assistance. Thank you.

Lyna 小叮嚀

英文廣播詞最近熱門的考題有環保議題、節能新發明、瑜伽、新聞時事等等，大家可以多看官網的英文或是買英文報紙來練習閱讀。有些航空公司的英文短文還會出現幾分之幾的單字（例如 ¼），也記得要練習各種數學的英文正確念法喔！

／面試考題的靈活度與面向／

航空考試的題型，不外乎是從「了解自己」紮根，進而了解「空服＆地勤人格特質」，最後根據該「航空公司文化」講述出差異性。雖然考題的題型很靈活，但只要能做足準備，一點都不用緊張！ Lyna 幫大家整理出「重點題型」以及「航空考古題」，考生平時可以多做準備練習，在面試場合才能從容回答，有好的表現。

• 重點題型

- 短文朗讀廣播詞閱讀
- 自我了解題
- 基礎準備題型
- 履歷延伸問題
- 情況題型
- 觀察力題型
- 適職測驗題型
- 爭議時事題
- 想像力題型
- 團體討論題型
- 短演說／申論題
- 辯論題型
- 判斷能力題型
- 公司忠誠度題型

• 航空考古題

【自我條件】

- 自己優缺點和空服相關之處？
- 你的身材很瘦弱，這樣子有體力勝任嗎？
- 感覺你的膚色偏黑，可以靠妝容改善嗎？
- 怎麼培養語文的能力？
- 學校科系和空服相關之處？
- 你第一次化妝是什麼時候？
- 你有上補習班嗎？
- 你從小就嚮往空服員，那你是如何準備的呢？
- 覺得最適合與不適合擔任空服員的原因及理由？
- 給你 30 秒，說服我們一定要選你當空服員的理由。
- 你的父母支持你考空服員嗎？
- 你會法語，能跟法國人流利的對答嗎？
- 你之前唸的科系跟航空業有什麼關係？
- 你上次也有應徵過，我們有印象，你這次應徵有做了什麼改變？
- 你有應徵別家航空公司的經驗嗎？
- 你認為自己有什麼優勢我們必須立刻錄取你？
- 你如何準備這次的面試？
- 你覺得你有什麼過人之處是其他考生所沒有的？

【工作經驗 & 服務業】

- 工作有沒有讓你有成就感的事？
- 在你的履歷中，你上次離職的原因是什麼？那你為什麼想從事空服員的工作？
- 工作中或生活中有遇到什麼樣的挫折？
- 從畢業到現在有工作嗎？沒有的話是在幹嘛呢？
- 你有在餐廳工作過，有遇到奧客嗎？有遇過發酒瘋的客人嗎？ 你怎麼處理？
- 你有實習經驗，分享一下實習經驗中一個好的與不好的事件。
- 工作中有無可分享你和夥伴是如何配合工作及達到一致性的？
- 你覺得你能把現在的什麼工作特點帶到空服員上？
- 你只在學校打工，確定無其他服務經驗？既然無服務經驗，如何勝任空服員工作呢？
- 你當志工有學到什麼？志工做多久了？
- 你工作經驗都很短，我們要怎麼知道你是忠誠的員工？
- 你在銀行工作，我們可以打電話去銀行問你的狀況嗎？
- 為什麼你說空服員是你的理想工作？

【工作內容】

- 大家都說空服員是高級的服務生，你的看法是什麼？
- 對於時差的問題，你打算怎麼調適？
- 你認為身為一名空服員最重要的職責是什麼？
- 你覺得身為空服員應該有的能力是什麼？
- 若機上的 duty free 賣完了，你該如何解決？
- 你覺得空服員有專業可言嗎？
- 你認為團隊對空服員而言是重要的嗎？
- 你何時有念頭開始想當空服員？
- 你知道身為一個空服員該有的儀態是什麼嗎？
- 對於颱風天需要加班這件事情，你的看法是什麼？
- 錄取後，如果我們要求頭髮要剪短或是留長，你願意嗎？

【公司了解】

- 你能為本公司貢獻什麼？
- 對於我們今年新開的航點可以描述一下嗎？
- 我們公司最近有什麼新聞可以描述看看嗎？
- 成為我們空服員需簽 3 年合約！你打算飛多久？
- 如果同時考上兩家航空公司，你會選哪一家？為什麼？
- 有搭過本公司的飛機嗎？你覺得我們空服員的服務有需要改進嗎？

- 有人在網站上批評我們公司「很嚴格、沒人性」，你知道嗎？你有沒有上去留言過？對於這種事情，你的看法是什麼？
- 公司下班後會開會進行檢討，如果你被學長姐當場點名工作表現很差，你會如何處理及面對這樣的壓力？
- 你初試和複試哪一場比較緊張呢？
- 你覺得我們的制服好看嗎？
- 網路上類似「空服員就是高級服務生」的說法，你的觀點是什麼？對於出現對公司負面的消息你該如何處理？

【情況反應】

- 如果今天主管要求你做不想做的事該怎麼辦？
- 如果今天飛機上有乘客即將臨盆，你會怎麼處理？
- 如果機上乘客為了沒看到自己要的報紙生氣，你該如何處理？
- 遇到不講理的乘客，你會如何處理與解決？
- 如果機上有小孩哭鬧，你會如何處理？
- 如果我們派你清潔機艙內所有的化妝室，你能接受嗎？
- 如果有乘客向你要電話號碼，你會如何回應？
- 假如經濟艙裡所有化妝室都有人，經濟艙乘客要求使用商務艙的化妝室，你要如何處理？
- 有客人反應飛機上娛樂設備故障，當下你會如何處理？
- 如果今天必須淘汰一名考生，你認為應該要淘汰誰？

- 若不能認同同儕或學長姐的要求，你該如何處理？
- 你是如何整理頭髮的？為什麼不燙頭髮？如果我們希望你燙，你會同意嗎？
- 你覺得「女人的事業、錢財、美麗」，哪一個重要？
- 你家住哪裡？怎麼過來的？
- 你的履歷寫會 CPR，可以請你用英文說一遍 CPR 的流程嗎？
- 你的自傳上提到曾經幫助過人，可以說一下最近幫助別人的經驗嗎？
- 受訓時遇到很難相處的室友，你會怎麼應對？

【自我規劃】

- 你是卡奴嗎？如果以後成為空服員，你如何安排規劃薪水？
- 請問你如何維持身體健康？
- 你成為空服員之後未來的 10 年，你有什麼規劃？
- 你有想過在職進修嗎？
- 請問你有男／女朋友嗎？你打算怎麼維繫你的感情？
- 你期許自己在本公司達到什麼樣的職位？
- 你有打算在幾年後轉跳到其它航空公司嗎？
- 對於空服員可以轉地勤這件事，你的看法是什麼？
- 成為空服員之後，最想做的第一件事是什麼？

【個人隱私】

- 談談小時候最難忘的事。
- 家人支持你考空服員嗎？
- 最近一次哭是什麼時候？
- 人生中讓你感到最挫敗的事情是什麼？
- 若是單親家庭可能會問
  a. 家中經濟來源？
  b. 跟父 / 母親關係親近嗎？
  c. 錄取後如果不能常跟父 / 母親見面，父 / 母親可以接受嗎？
- 你在國外留學，說說有什麼趣事好嗎？
- 你喜歡運動，那除了籃球還會什麼？
- 你在學校跟同學相處的情形如何？
- 你臉上有面皰耶！你常長痘子嗎？
- 你早上都幾點起床？這學期你一共遲到幾次？你的操行幾分？
- 談一下你出國的經驗？你搭乘過我們的班機嗎？給一個建議吧！
- 你最在意的一件事是什麼？
- 你最害怕的一件事是什麼？
- 如果一個男人很愛你，但是胸無大志、毫無情調，而另外一個男人說話非常有趣，在他身上你可以學到很多東西，但他已婚，你會選擇誰？

- 你如何處理不愉快的事？
- 你在生活中最想完成的事？
- 你難道不覺得都唸到碩士了還來當空服員，會很不符合親友的期待嗎？
- 分享你出國旅遊的特別經驗。
- 你牙套什麼時候開始戴的？戴牙套通常不是要兩年才能拆嗎？
- 你會在 Facebook 上發表高興或不高興的事嗎？
- 你還記得履歷上缺點寫什麼嗎？
- 你跟家人感情好不好？跟誰最好？

【其他】

- 請對「本土化」做一個你的定義。
- 如果可以，你想要回到哪一個朝代？
- 如果投胎，你下輩子想要當男生還是女生？
- 如果可以變成一種水果，你認為你是哪一種？
- 你對安樂死這件事的看法為何？
- 請說出台灣現在死亡率最高的疾病，請說出如何預防它。
- 在中國文學中「月亮」極為重要，請說說看你對月亮的感受。
- 對同性婚姻的看法？

【英文】

- What' s your hobby?
- What' s your favorite food?
- What is your major? Why did you choose it?
- What do you want to gain from this job?
- If you were only child in family, do you wish to have siblings?
- How do you define "the excellent service" ?
- How can you talk us into hiring you, because you have no service experience?
- Have you got any award or scholarship in school?
- Have you ever been abroad?
- Have you attended any other company' s interview?
- Do you prefer to work as a leader or a team player?
- Did you join any club in college?
- Describe your relationships with your classmates.
- Can you introduce your hometown?
- Can you give me two reasons to fail you?
- Are you proud of yourself? Why?

／別讓考官不開心，考場禁忌地雷有哪些？／

請每位考生站在考官的立場換位思考，當你看到或聽到以下這些狀況時，會不會也覺得不妥呢？如果會的話，就請避免踩到以下地雷，讓考官對你留下不好印象。

• 職場禁忌

1. 穿黑色的內衣
2. 穿過短的裙子
3. 沒有戴手錶
4. 遲到
5. 喧嘩
6. 行為影響其他考生
7. 像機器一樣不斷重複「謝謝考官的提問」
8. 一直講別間航空公司的優點或獲獎事蹟
9. 講到敏感的詞彙：例如某航空不支持工會，就不要提太多爭取勞工權益的內容；某航空近期有違約金或空難陰霾，回答就要儘量避免相關負面詞彙字眼的使用，措詞謹慎。
10. 回答因為考不上某間航空所以才來投考這一家

Q&A NG問答與錯誤肢體語言

以下是千萬不能出現的 NG 回答：

請問你為什麼想要當空服員？

因為這是我的夢想，可以環遊世界，賺很多錢。（考官 OS：所以我們公司不過只是一個讓你圓夢的地方？）

回答範例：
進入航空業是我一直以來的夢想，因為我的個性喜歡與人接觸、服務人群，空服的工作能讓我服務來自世界各地的人，我希望能藉此讓全世界的人看見台灣人親切細膩且敬業的服務態度與精神，謝謝。

如果我們今天決定不錄用你，你接下來打算怎麼辦？

就去考別家看看。（考官 OS：那你就去考別家看看吧！）

回答範例：
如果今天不幸我沒有被錄取，想必我一定有準備不足的地方，我會回去檢視自己的缺點，努力改進，等待貴公司下一次的招考，謝謝。但是我真的很希望能夠再替自己爭取看看，請問考官方便讓我知道我有哪裡需要改進嗎？（展現自己的企圖心，不要太輕易放棄爭取職位的機會，同時也掉進考官給的陷阱題唷！）

如果家人不支持你當空服員，你該怎麼辦？

這是我的夢想，如果他們不支持，就跟他們吵一下爭取看看。（考官 OS：這樣的性格想必在飛機上應該也很容易跟乘客吵架吧！）

回答範例：
家人對我來說永遠是世界上最重要的，如果他們不支持，我會試著跟他們解釋，讓他們了解我想加入貴公司當空服員的原因。並向他們解釋貴公司有良好的飛安紀錄和種種任職於貴公司的優點，以消弭他們的擔憂，謝謝。

若最後家人還是不支持呢？

吵到他們答應為止！（NO NO NO ！我相信聰明的你不會這樣說）

回答範例：
我想我還是會保持我的初衷。在我生命中家人永遠是最重要的，就如同貴公司會以乘客利益和安全為最優先考量的立場一樣，如果家人堅決反對，而我非得選擇，我想我可能會放棄。但很幸運的是，我的家人非常支持我加入貴公司的想法和行動，謝謝。

〉如果在飛機上有乘客罵你，你會怎麼做？

當沒聽見或是罵回去！（考官 OS：你就是個比乘客還不受控 Troublemaker 無誤！）

> 回答範例：
> 首先我會試著安撫乘客的情緒，了解他生氣的原因，扮演聆聽者的角色。如果是我本身的疏失，我會道歉並承諾改進。若問題不是出自我本身，我會有禮貌地向乘客解釋原因，希望能獲得他的了解和諒解，謝謝。

〉如果我們今天錄取你，你打算待多久？

把所有航點飛完差不多，或是等到有更好的職缺再跳槽。（考官 OS：還好我有問，真是個誠實的孩子，你買機票環遊世界吧！）

> 回答範例：
> 如果很榮幸今天能夠被錄取，完成我這輩子的夢想，我一定會努力在職場上回報公司對我的賞識。如果可以，我希望能做到退休年齡再離職，也希望未來可以獲得貴公司給我的機會，努力往上晉升。

> 你認為自己有哪些特質，可以比其他人更有機會獲得這個工作？

我很喜歡幫助人，我語言能力不錯。（考官 OS：10 個考生裡面可能一半以上都具有這兩個特質，這些我已經聽了大概八百次了！）

回答範例：
為了這份工作，我在大學的時候，除了努力加強外語能力和加入社團，訓練團隊合作和溝通能力外，也利用課餘時間做過服務業相關的工作。除此之外，從小家庭的教育讓我的個性比別人多了一份謹慎，航空業重視的服務和飛安，我相信我的特質和已具備的能力可以讓我勝任此職務，並提供貴公司更大的產值。

> 你說你暑假在忙社團活動，所以你認為社團活動比工作經驗更重要囉？

學校生活只有一次，工作經驗畢業後再找就好，社團畢業後就沒有了。（oh ～這樣回答不好吧，考官會覺得請問你是在教育我嗎？）

回答範例：
考官好，我認為社團活動和工作經驗扮演著不同時期，但同等重要的角色。我在社團活動中學習到了組織、溝通和團隊合作的重要性，我認為社團是社會在學校的縮影，在社團活動中學習到的東西，在未來我也能夠將其應用在職場上，謝謝。

對於客人抱怨，你該如何應對？

交給上司處理，客人到最後都會要找高層。（考官 os：完全不試著處理就求援，那錄取你的用意是…？）

回答範例：
每個抱怨都一定有它的原因，我想我會先扮演聆聽者的角色，去了解客人抱怨的原因和事發經過，站在客人的立場替他們著想。接著針對問題去解決，過程中我認為和緩的語氣和表情也扮演相當重要的角色，誠心替客人著想，我認為是最好的應對方式，謝謝。

你對於「顧客永遠是對的」這句話的看法是什麼？

顧客是我們的衣食父母，不管怎麼樣，他們說什麼我們就得做什麼。（這大概是 20 年前的服務業觀念，太八股了，時代已經變囉！）

回答範例：
我認為顧客的需求出於忠實反應感受，只要沒有影響其他客人權益或公司營運，仔細傾聽是絕對必要的，接著找出滿足他的可行之道。但若違反這個前提，我認為我們也要有分辨跟堅持服務「有所不為」的勇氣。

你寫自己的缺點是「太認真」，這怎麼會是缺點呢？

因為大部份的員工都愛偷懶，所以我太認真事情就會做的比較多。（請仔細想想，這個答案是否會得罪了一堆人呢？）

> 回答範例：
> 認真在工作上絕對是個優點，但很多事情都是兩面刃，太認真的特質使得我有時候會過於想與人較勁，在一個以團隊合作為基礎的工作環境裡，這可能會是一個缺點。但幸運的是，我在很早的時候就被提及這個缺點，也很努力改進取得這個特質的平衡點，謝謝。

你的工作經驗是空白，學生暑假期間都沒有去打工嗎？

學生暑假就是要出去玩啊，出社會以後就沒機會了。（考官 OS：那就再放你多玩幾年吧孩子！）

> 回答範例：
> 考官好，在大學的四年裡，雖然我沒有任何的打工經驗，但我利用暑假參加了各種不同種類志工的公益活動／研習營／社團，我在這些活動裡，學習到了與來自不同背景的人溝通和互相合作的方式，也懂得尊重每個人在討論時所提出的不同意見，這些年暑假期間的收穫，我相信和其他辛苦打工的同學獲得的經驗是同樣值得被肯定的，謝謝。

- **錯誤肢體語言**

在日常生活中，每個人都會有些不自覺的慣性動作，尤其在緊張的時候更是會出現許多誇張的肢體動作，例如聳肩、斜眼、目光飄散、摳手、搖晃身體、點頭、撥瀏海、挑眉、抬手肘等等，這些不自然的動作，可是會讓考官看出你的緊張與沒有自信喔！

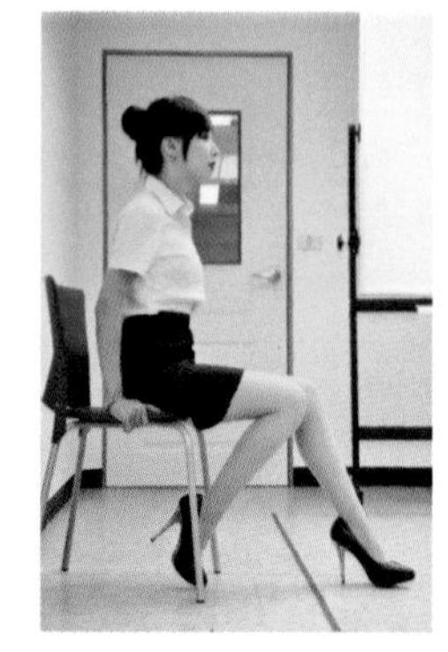

因此，在平常時候就要多做面試情況的模擬練習，並且錄下來檢視觀看，從中找出問題來做調整，才能避免在面試的緊張氛圍下，做出扣分的肢體表達。

／ 每次參加航空面試都該具備的「大習慣」 ／

1. 快速認識彼此的能力
2. 能快速融入考場環境以降低緊張感
3. 笑容可掬保持愉快心情
4. 大方有禮貌，注重應答禮儀
5. 凡事謹慎檢查，再次確認不出錯
6. 即便出錯立刻誠意道歉，從容不迫現場尋求改正機會
7. 隨時保持最佳的精神狀態、容貌與服裝儀容
8. 保持正面的人格特質以及慣性正向思考

習慣的養成，來自於日積月累的習性與慣用思考方式。所以即將參加航空面試的你，現在開始的每一次準備與練習，都可以檢查自己的表現是否符合上述的八個綜合「大習慣」。若有不足的地方做自我檢討，就可以在下一次的表現上有所修正與進步。

航空面試 團體討論篇

／什麼是團體討論？／

外商航空最喜歡用團討來篩選人才，因為團體討論可以在短時間內看出考生的人格特質與在團體中擔任的角色。而且不止外商航空，現在連國籍航空中較活潑的廉價航空，在面試關卡裡面也有中文的團體討論項目。尤其透過這種看似討論，其實又帶有競爭意味的考試場合，很容易看出一個人的性格優缺點，當你表示自己有重視團隊合作，但在真實職場中是不是能體現，從這個關卡就可以立馬看出。

也因為外商空服員的工作模式，在每次的飛行中都會與來自不同國籍的組員搭配（組員人數多達 1 萬到 2 萬人），這意味著你每一次飛行都將與不同的同事、在不同的機型上、不同時間出發前往不同地點，甚至擔任不同工作內容的飛行任務。每一次的機組團隊都需要快速的熟悉認識彼此，並且記住大家的不同專長，才能在飛行過程中發揮大家的所長，完成勤務。因此，考場的考生在彼此不認識且準備程度不一的情況下，這樣的考場氛圍相當趨近未來飛行會遇到的情況，是最好的應變能力考題。

- **團體討論中常見的幾種情況**

1. 沒有聽清楚題型，指令接受到錯誤的解讀，所謂的不懂裝懂。
2. 雖然有聽清楚題型，接著大家一陣沉默。
3. 在一團亂的情況下，時間掌握不佳，每人表現不均。
4. 討論過程豐富，但總結能力薄弱。

以上所述是整個團隊的表現，其中可能會發生個人色彩特質濃烈的人，影響團隊的走向，也會影響到其他考生的反應。

- **常見讓人困擾的人格反應**

1. 急於表現自己，好辯搶鋒頭的人。
2. 為了反對而反對，打斷別人說話並不斷提出質疑的人。
3. 靜默不發一語的人。
4. 緊張得手足無措的人。
5. 熱情活潑外向，大方表達自己但有點過 High 的人。
6. 努力求表達，但不知所云的人。
7. 為了討好考官而不顧一切的人。

- **團體討論應該怎麼進行，才算是比較好的團討呢？**

1. 不要讓沉默維持太久，那會讓場合更趨緊張。建議若你的個性適合，那就當個能打破沉默的人吧！
2. 好的分工合作始於「工作分配」。
3. 有個能主導進度的角色，才能控制內容、掌握時間，在時間內達成指令需求。
4. 能領導別人的人，同時也要能被領導。
5. 尊重每個人表達的聲音，傾聽之後用微笑、點頭表示認同。
6. 團隊的結果凌駕在個人表現之上。一切以領導團隊走向更好的結果為優先。

7. 盡可能讓每個人都有發揮的空間。
8. 完整呈現每人表達的重點，不要擅作主張捏造沒有討論過的內容。
9. 不要被移動的考官影響表現。

全程英文表達的團體討論，請盡可能表現得順暢自然不造作，並注意自己的肢體語言。

- **常見的團體討論參考題型**

1. 對時事議題表達看法（例：近期的巴黎恐怖攻擊事件對社會的影響？）
2. 計劃一個旅程（例：為外國友人計劃一個三天兩夜的台灣之旅）
3. 挑選求生工具（例：荒島求生，從圖中挑選求生工具）
4. 爭議問題正面反面論述（例：對於吃素的看法？請問你的政治立場）
5. 電影主角挑選（例：玩命關頭若徵求亞洲男女主角會推薦誰？原因為何？）
6. 企劃一個活動（例：路跑活動策劃，須兼顧話題性與銷售執行）
7. 挑選不適合的人（例：從遊艇中挑選一組不能搭乘的團體）
8. 品牌差異（例：百事可樂跟可口可樂會推薦哪一款？原因？）
9. 替航空公司挑選代言人
10. 最具代表性的顏色或者動物
11. 下輩子想當男生女生？／下輩子想變成什麼植物？／想出生在哪個國家？
12. 替公司的新航點包裝行銷

再次強調！本書論述的考古題內容皆為參考題型。現今考題變化劇烈，答題請以現場面試所遇到的問題為主喔！不過，不要忘記最重要的一件事：討論的整個重點過程不在於答案內容的對錯，而是你所展現的人格特質！千萬要記住這個原則。

／團體討論中，哪些人格特質是考官喜歡的？／

Lyna 列出了幾項考官喜歡的人格特質，建議大家可以從中尋找出符合自己的去做加強練習。希望每個人都能在討論的過程中，順暢表達想法，但不過分堅持己見。

- 正面思考
- 樂觀
- 親和好相處
- 反應敏捷
- 觀察細微
- 具備強烈同理心
- 重視細節
- 積極進取
- 守時
- 有耐心
- 尊重他人
- 懂得傾聽
- 大方
- 有活力
- 幽默
- 自然
- 善於引導旁人
- 能照顧到每個人
- 謹慎記錄
- 懂得抓重點

考場加分小提醒

處事大方圓融，能擔任團隊中的潤滑劑，不拿別人的失誤當笑話，有能力的話甚至可以出手相救，盡可能地顧及到每位隊友，這樣的人最有機會被加分，受到青睞。記住，你們是一個「團隊」，不要太強調個人魅力表現。

有緣在考場上相遇的人，未來很有可能是你同事或是同行，所以不需要為了面試表現爭得面紅耳赤，避免傷了和氣也失去了工作機會。

團體討論練習

題目：替公司設計一個可以增加銷售業績的路跑活動

條件：討論時間為 6 分鐘，在討論結束後每一位組員都要起身做總結。

雖然在之前有跟大家提醒要做到團隊合作與發揮個人特質，但因為缺乏練習，很多人通常會緊張到忘了討論最重要的地點與時間，甚至只剩下 3 分鐘時間都還沒開始分配每個人的總結內容，因此在最後總結時非常凌亂沒有架構。也曾發生其中一位學員因為緊張空白了將近 1 分鐘，但其他組員並沒有跳出來支援，因為不知道該從何幫起，因此在面試的整體表現來說，大家都是不合格的。

具體團體討論該怎麼做呢？首先，可以先大方地跟大家打招呼，自我介紹自己的名字，引導大家開始介紹名字，並且記錄每一位團員的名字。如果已有其他人員打破沉默直接進入主題，也可以在輪到自己表達的時候，補充一下自己的名字。

而且為了避免整個討論過程最後導向沒有共識的僵局，可以先「定義」好題目，先重複一次題目以確認大家得到的題目資訊是一樣的再開始。例如：「這次的活動方式為路跑，並且主要目的是能增加銷售業績對嗎？」在大家都取得共識之後，再針對活動主軸做討論。「我覺得可以用公益為出發點，大家覺得呢？還是哪位夥伴有什麼其他的想法呢？」把球丟出去，引導大家發言。

主軸都確認之後，可以開始分配每個人的項目，例如誰負責增加業績、誰負責替活動命名、誰負責想地點與主要人物、誰負責在創意與話題性上做發想（建議在一開始時便有人主動計時）。中途在沒有共識的時候，必須要先取得共識，倘若大家意見不一致時，可以使用快速投票表決，少數服從多數。因為團隊要以多數的意見為首要條件再繼續往下討論，以團隊為出發點。

總結時，討論誰先做第一位總結人選很重要。若推派的第一位人選思緒脈絡清晰，接下去的組員也會更有條理地呈現。在總結時

要怎麼去分配每個人講述討論的內容非常重要，而不是每個人重複一模一樣的話，那會呈現一個答錄機的狀態。

舉例來說：「嗨！大家好，我是 Lyna，很高興可以代表我的團隊做第一位的總結。我們團隊一致認為可以用親子路跑的方式，達到提升業績的效果。很感謝我們的組員 Sarah，是她提到親子一起參與這個很棒的點子，親子共同參與路跑的活動可以有效地抓住客戶族群為有消費能力的家長，跑步的路線可以設計成飛機形狀的路線，沿途放置貴公司的航點立牌，每當達到一個里程數可以獲得該航點的飛機貼紙貼在孩童身上，增加趣味性及努力達陣的動力。以上為活動的主軸，接下來針對活動的地點、代言人、如何增加營業額及其他細節的部份，就交給我們另一位組員 Nick 繼續做描述，謝謝！」

以上的論述，成功把重點簡單明瞭的統整告知考官，並且稱讚自己的組員，做球給下一位總結人員，就是個好的開頭。後續的每一位人員都可以依照這樣的模式良善循環下去。

團討加分小提醒

1. 在組員起身做總結的時候，請其他人眼神注視做總結那位考生，表示傾聽與尊重，並且在適當的重點點頭表示同意。
2. 記憶力好的人或者記錄很詳細的考生，若組員有因為緊張遺漏沒有講到的地方，可以跳出來幫同伴做補充，或者在大家都說完之後，最後補充說明也可以。
3. 忌諱去擅自捏造或臨時起意想到的新想法；或者沒有在討論內容中出現的，卻在總結時自作主張地提出。這些構想若沒有經過團隊討論取得共識，就等同是自己主觀的想法，並不代表團隊。

英文團體討論精選佳句

打招呼絕對是必要的，除了緩和緊張的心情外，還能認識你的戰友們，讓考官注意到你是有團隊精神的，你可以這樣說：

Hello／Good morning／Good afternoon, everyone. My name is XXX, nice to meet you all.

討論過程中可以用的詞彙和句子

1. In my opinion／I think／To my way of thinking／In my eyes／My point is／Personally 我認為…。
2. I totally agree with you. 我完全認同你的看法。
   I couldn't agree with you more. 我完全認同你的看法。
3. What XXX（人名）just said was excellent. XXX剛說得很棒。
   This idea is very wonderful. 這個點子很棒。
   I appreciate／love your idea. 我很欣賞／愛你的點子。
4. May I…? 我可以…嗎？（養成習慣用 May I 可以展現自己有禮貌的一面。）
5. I came up with an idea, May I share it with you? 我剛想到一個點子，我能跟你們分享嗎？

阿聯酋航空 Case Study 題目

每題團討人數與時間配置：約 10-15 人一組，討論時間約 10 分鐘。考生們也可以找志同道合的人，一起來練習看看喔！

1. 你是飯店的經理，一共有 10 組客人今晚要入住，但因為系統問題，只剩兩個房間可以入住，你們要選哪兩組客人？（客人選項有：1. 有蜜月夫妻、2. 旅遊作家、3. 來飯店開會的經理、4. 帶著嬰兒的夫妻，他們要到附近醫院做檢查、5. 已經住在我們飯店但是浴室壞掉的客人、6. 我們飯店的常客）
2. 我們是一間遊艇公司，也是島上唯一一間。某個高級遊艇旅遊假期，很多人都買了票（選項有：1.Famous party girl、2. 要度蜜月的新婚夫妻、3. 雜誌編輯、4.VIP 客人），但因為出了狀況，只能讓兩組客人上遊艇，我們要討論讓哪兩組客人上船。
3. 如果你贏了一千萬元樂透，你會把錢花在哪裡？（選項有：買房買車、捐給慈善機構、幫助流浪動物、存在銀行裡、把錢全數交給父母、不去領等等…）
4. 如果你是一個餐廳經理，餐廳只剩兩個桌位，但候補機故障了，外面有很多人等超過一個小時了，（選項有：1. 電影明星、2. 美食評論家、3. 市井小民、4. 剛拿到捐款的流浪漢、5. 要慶祝交往周年的情侶）以上選項，你會選擇哪兩組客人入座？

／外商航空面試考古題／

外商航空愛用的航空面試考題如下：「小組討論／辯論／Role Play／抽字卡」。不論是哪一種方式，以下都是面試中要把握的重點。

1. 最好能在短時間記住所有跟你同組人的名字。
2. 需在短時間看／聽到題目就有答案浮現在腦中。
3. 討論須全程面帶微笑及對他人說話的內容專注和尊重。
4. 開始討論時的自我介紹是必要的，自我介紹時能嘗試記住同伴的名字，同時也要能爭取時間思考待會要說的答案。
5. 有需要請誰回答的時候，切記不要用食指指向他，一律手心朝上示意請對方回答。
6. 如果所有人都不敢發表意見，千萬不要遲疑，第一個開口表達就對了。
7. 試著在短時間內想出有創意的答案，避免跟其他組別一樣時會自亂陣腳。

• 小組討論考古題統整範例

1. If your foreign friends would like to visit Taiwan, where will you recommend or take them to go?（如果你有外國朋友要來拜訪台灣，你將會推薦他們去哪玩？）
2. If today you won the lottery, what would you do?（如果你今天贏了大樂透，你會做什麼？）
3. If you were rich, which three countries would you like to buy?（如果你很有錢，你會買下哪三個國家？）

4. If your foreign friends come to Taiwan tomorrow, what kind of accommodation will you recommend them to stay? A: Luxury Hotel. B: Hostel. C: Resort.（如果你的外國朋友明天來台灣玩，你會推薦他們哪種住宿？ A: 高級飯店 B: 青年旅社 C: 渡假勝地）
5. 抽出三張生活用品的字卡，討論出三種有創意的使用方法。

Lyna 特別教戰提點

小組討論顧名思義就是一個組的討論，千萬要避免「英雄主義」、「一字千金」等情況，也就是不要讓其他組員完全沒有說話的機會，也不要從頭到尾一句話都不說。最好的方式是有條理的安排每個人負責的工作，例如：計時、做筆記、做總結等，讓每個人都有發揮，才能彰顯小組討論的真諦。

- **Role Play 角色扮演／狀況題**

在 Role Play ／狀況題中常會遇到一些服務業上被客人刁難或是公司機器、系統出錯之類的情境題。除了討論出結論之外，有時候還必須扮演奧客方和公司方，此關考驗的是危機處理能力和應對。

- **Role Play 角色扮演／狀況題考古題統整範例**

例題：如果今天你是一間餐廳的經理，你會怎麼行銷這間餐廳？接下來會分成兩組分別輪流扮演奧客方和公司方。

Lyna 特別教戰提點

Role Play／狀況題時務必保持冷靜，以顧客方和公司方的角度各去做快速思考。要怎麼選出答案要的幾組客人，又能同時替其他組沒被服務到的客人做後續的補償或安排，讓不管被選到或沒被選到的客人心裡都開心。當客人愉快，公司與顧客兩方就是一個雙贏的局面，必定能買到面試官的心。

- **辯論考古題統整範例**

1. Do you support Gay Marriage?（你支持同性戀結婚合法化嗎？）
2. Do you support selling junk food on campus?（你支持在學校販賣垃圾食物嗎？）
3. Do you support serving instant noodles on board?（你支持在飛機上提供泡麵的服務嗎？）

Lyna 特別教戰提點

航空面試的辯論跟一般的辯論截然不同，辯論結果的輸贏與過不過關完全沒有關係，這關的重點在於你是否有辦法將團隊合作發揮到極致，並在面對對方辯士攻擊的時候，還能保持正面、微笑、尊重對手的態度。此關的設計是針對空服員上線後，必定會遇到難溝通的客人或難處理的狀況，當下是否能保持冷靜和從容正面的心態來面對難題。

- **抽字卡題目統整範例**

抽一張單字（名詞、形容詞都有）做出說明，例：Gandhi、aggressive…。

Lyna 特別教戰提點

這關就真的很考驗臨場反應，看到字的當下你差不多只有 3 秒鐘的思考時間就得開始發言。平常該怎麼做練習？就是多看英文字，然後每看到一個字就練習著講出約 10 秒的故事。（例如：抽到 Gandhi 要怎麼回答呢？ Where there is love there is life, quoted by Gandhi, which has also been my motto when I was young. If possible, I would like to bring love to the every corner of this world.「有愛的地方就有人生」是甘地的名言，同樣也是我小時候信仰的座右銘。如果可以，我想要把愛帶到這個世界的每個角落。）

- **小組討論／辯論／ Role Play ／抽字卡萬用句統整**

回答問題前自我介紹萬用句

1. Good morning ／ afternoon ／ evening, everyone, my name is XXX.（May I have your names please?）早安／午安／晚安，大家，我的名字是 XXX。（請問可以知道您們的名字嗎？）
2. Hi, everyone, my name is XXX.（May I have your names please?） Hi，大家好，我的名字是 XXX。（請問可以知道您們的名字嗎？）

回答問題開頭萬用句

1. In my humble opinion…（就我的淺見來看…）
2. As I see it ／ From where I stand ／ To my way of thinking ／ I think…（我認為…）

3. Personally ／ As for me⋯（我個人覺得⋯）

中途想發言時的插入萬用句

1. I have an idea, may I share it with you?（我有個想法，可以跟你們分享嗎？）
2. There is an idea popping up in my mind that I would like to share, may I⋯?（我腦中跳出一個想法，我能和你們分享嗎？）

別人發言時表現贊同和讚賞的萬用句：

1. I totally agree with you.（我完全同意你。）
2. Yes, that' s right.（對，沒錯。）
3. This idea ／ thought is excellent.（這個點子／想法超棒。）
4. I couldn' t agree with you ／ what you said more.（我完全同意你／你說的。）

做球給他人回答時萬用句

1. What XXX just said was great ／ amazing ／ excellent ／ good, and I believe you have a good idea, too ／ as well.（XXX 剛剛說的很棒，我相信你一定也有很不錯的想法。）
2. Would anyone like to share?（有任何人想要分享的嗎？）

最後結論時的萬用句

1. Today, I appreciate this opportunity to be here, with my teammates XXX, XXX, and XXX. Our final conclusion is⋯（今天我很感激有這個機會來到這裡，和我的隊友 [介紹名字 XXX] 一起，我們最後的結論是⋯）
2. We are honored to be here today, presenting our final conclusion. These are my teammates XXX, XXX, and XXX.（我們今天很榮幸來到這邊，陳述我們最後討論的結果。這邊是我優秀的隊友們⋯[介紹名字]）

Q&A 團體討論 考場心態

為什麼不發一語的人也可以晉級？

在參與團體討論期間，可以看見彼此的樣貌、談吐、儀態、應答，但背後的「底牌」只有考官看得到。也許考生履歷資料有非常優秀的學經歷、精通多國語言、豐富服務業相關經驗、有力人士大力讚賞的推薦函等，這些都是同為考生的人看不見的。因此不必過度猜測，不如把這些臆測的心力拿來努力把自己表現得更好吧！

為什麼有人說第一個開口的人最容易落選？

其實這個說法並不正確。長期的觀察之下，Lyna 發現，只有第一個開口但太過強勢，想要從頭到尾主導大局，過度主觀或是求好心切，沒有顧及其他團員感受的人才會被淘汰。

反倒是很多打破沉默的人，不但速度掌握得宜，還適當做球給團隊，最終不但晉級也成功錄取。還有類似這樣的案例，在一個人的傑出領導之下，幾乎整組的團員都晉級到下一關。一個好的開頭者，協助更多人到下一關，就像在遇到緊急事故的時候，穩定且臨危不亂地帶領乘客到安全的下一站。這不也是空服員需具備的能力之一嗎？

為什麼有些人各方面表現優秀卻無法晉級？

如同上述，每位考生的底牌我們並不清楚，對於各方面表現優秀的定義也不同。我在此無法逐一具體説明原因到底是為什麼，但很有可能是他太強勢，各方面表現搭配條件讓考官有尖鋭的感受，可能不適任空服員這種需要高度團隊合作的工作。

航空面試
看圖說故事篇

這裡特別採用了長榮航空複試的英文看圖說故事來做出題設計，考生也可將其運用在其他各大航空英文看圖發揮題型。

／說故事小技巧／

- 幫自己爭取時間：遇到問題時，可以禮貌的帶著微笑，用穩定語速重複一次問題，或者先展示好圖片後，以萬用的開頭技巧性的多給自己一點時間。
- 切勿空白思考超過五秒鐘，無語只會讓氣氛場面更冷更緊張。
- 不要當句點王，回答超過五句以上的完整句子，回答時間建議也不要少於 30 秒為佳，但也不要落落長一直講不停。

在臨場問答時，切勿空白思考超過五秒鐘。建議邊答邊想，至少回答到五個句子，回答至少 30 秒為佳。

／如何看圖說故事／

看到圖片的剎那，要如何快速組織才能轉成順暢的語句說出口呢？以下有幾個重點。

1. **WHO 有誰在圖裡面？**

   有幾個人？是不是空服員？是形象代言人？公司高層？旅客？如果都不知道可以用猜的，可以說 I guess…

2. **WHERE 地點在哪裡？**

   在機艙裡？飛機外面？機場？記者會？戶外風景？如果都不知道可以用猜的，可以說 I guess…

3. **WHEN 時間點是？**

   早上？中午？晚上？春夏秋冬？如果圖片有食物，亦可以藉由用餐表述。只知白天或晚上，可以說是 daytime 或 in the night。風景圖則可推論季節，如果實在無法推論，建議跳過時間敘述，不須為難自己。

4. **圖片中的人在做什麼？**（這是最重要的，至少一定要描述一句話）

   在用餐？在慶祝年度盛會？在介紹新菜色？在和空服員講話？在指引路？在發表新機？在幫助旅客登機或是服務餐飲…等。

5. **讓圖片與自己做連結**

   看圖說故事大家敘述大同小異，但是要脫穎而出，就要說出加深考官印象的句子。千萬切記，不是誇張不實地亂掰一通，而是要讓圖片「間接的感動自己」。善用句型：I wish I could…

除了上面的重點之外，大家可以再觀察圖片有沒有什麼「細節」，有沒有小小的微妙之處是值得一提的？除了細節以外，最重要的就是發揮「想像力」了。盡可能讓圖片跳出來，變成一個展現出有溫度、有熱度的故事，眼睛閃爍有活力的描述一張圖片，相信考官一定會為你的表現眼睛為之一亮。

- **看圖說故事精選佳句：**

1. I would like to briefly introduce this picture.
   我將要簡單的介紹這張圖片
2. It' s my pleasure to explain / describe this picture.
   解釋這圖片是我的榮幸
3. There are __ (number) people in the picture.
   這圖片裡有__（數字）個人
4. It is obviously that there are several flight attendants standing side by side.
   很明顯的可以看到有幾位空服員在一起
5. According to my experience, this picture is in __（地點）
   根據我的經驗猜測這地點是…
6. I have no idea the specific time / location, but I guess it is in the daytime / on the plane.（in the cabin.）
   我不確定確切的時間／地點，但我猜這是在白天／飛機上（機艙）。

7. In this photo, the flight attendants all have wonderful smiles on their faces, and I am sure the greatest service always comes with smile. I wish I could have opportunity to serve customers in the future, and I promise that I will serve them with my warmest smile as well.
在圖中，空服員臉上都帶著美麗的笑容，我深信他們一定提供了最棒的服務。我希望我未來也有機會服務客戶，而我也會以我最溫暖的笑容來面對他們。

8. The commercial has been deeply rooted in most of people, including/inclusive of my family.
這個廣告已深植多數人心，包括我家人。

9. （家人搭過）They had wonderful travel experiences with XX Airways, and I think this picture (commercial) did great job.
他們已經搭乘 XX 航空出遊，所以我認為這廣告很棒！

10. （家人未搭過）They all wish to take XX Airways for their following trip, I think this picture ／ commercial did great job.
他們已經計畫下次出遊要搭 XX 航空，所以我認為這廣告很棒！

Taiwan

看圖說故事範例

右邊圖 2：

1. 幾位乘客和一位空姐在機艙
2. 空姐正在協助旅客擺放行李
3. 空服員主動貼心的協助，讓乘客倍感窩心，我未來也想成為這樣的空服員

回答範例：

There are few passengers in the cabin, one of whom is stowing the baggage, and a flight attendant is proactively assisting her with it, which makes the lady very happy and satisfied. I hope one day I can be like her, taking good care of every passenger with my heart and passion.

有幾位乘客在機艙裡，其中一位正在擺放行李，而一位空服員主動上前協助，這讓該位女士非常的快樂及滿意，希望有一天我也能成為像她一樣的空服員，用我的心和熱情照顧好每一位乘客。

上排圖左：

4. 一個女孩的側面和一扇飛機的窗戶
5. 女孩坐著看著機外
6. 在窗外有一片雲海，雲海的下面是女孩思念已久的家，XX 航空公司總是安全地把旅客送回他們思念的家鄉

回答範例：

There is a girl looking out of window. Outside the window is a layer of cloud and beneath it is the hometown she' s missed in ages. XX Airlines always, sound and safe, escorts and sends their passengers to their destinations.

有一個女孩看著窗外。窗外是一層雲海，雲海的下面是女孩思念已久的家。XX 航空公司總是安全地守護著他們的乘客，將他們安全送到他們的目的地。

- **看圖說故事可能會出現的場景與詞彙**

press conference	記者會	the first publication ceremony	發表會
TV station	電視台	interview	採訪
journalist／reporter	記者	airplane meal	飛機餐
flight attendant／cabin crew	空服員	passenger	乘客
elder	長者	kid(s)／child(ren)	孩童
weather	天氣	a group of people	一群人
group competition	團體競賽	conference	會議
billboard advertisement	廣告看板	new route(port)	新航線（點）
dine together	聚餐	dragon-boat race	划龍舟
the theme of Christmas	聖誕主題	the airplane with painted livery	彩繪塗裝機
astronaut	太空人	airplane	飛機
wing	機翼	dawn	清晨
night	夜晚	cruising／flying	航行／駛向
target	目標	pursue	追求
do something together	一起行動	Chinese festival	中國節慶

航空面試
履歷回答篇

那些網路上不會教你的貼心回答，就讓 Lyna 教戰，從個人履歷中延伸出完美回答吧！

- **考題一：請用一句話來形容你自己？**

Ex：我認為自己就像 FedEx 一樣， 使命必達！
Ex：我會形容自己像中央空調，可以恆溫穩定保持舒適的溫度。
Ex：我會形容我自己是個人體 Siri，可以回答所有的問題。
Ex：我覺得我是擁有向光性的溫暖向日葵。
Ex：我是個可以即時見風轉舵的破風手，隨時觀察現況改變航線！

- **考題二：你在團體中擔任什麼角色？**

Ex：在朋友眼中我像是個暖暖包，總是可以讓人放心傾訴，並且提供溫暖給他們，也因此我會知道很多朋友的小秘密呢！（可以笑著展現自己的幽默感）

- **考題三：你過去的志工經歷可以描述一下？**

Ex：我曾經有個經歷，雖然這樣說有點不好意思，但當時的我可以說是泰國小孩界的宅男女神呢！（面帶笑容）這故事是我曾經在泰國擔任志工時期，當時因為我的付出，獲得當地孩童的熱情回報，他們在離開時都依依不捨地跟我合照還要求簽名。當時的我真的既開心又有成就感。

- **考題四：你唸的科系與航空業的關聯是？**

Ex：為了增進自己的溝通能力，我就讀的是語文學系，但我也明白成為一名空服員需要具備服務的熱忱及應對能力，因此我在課外參與了日式餐廳的打工，希望可以透過日式嚴謹的服務精神，來讓我的經歷更完整！

- **考題五：你的父母帶給你的影響？**

Ex：雖然我來自單親家庭，但是也因此具備了獨立的性格，從小就習慣要自己具備判斷的能力，因此我在做決策時很迅速。也因為我媽媽獨自撫養我長大，因而教導我待人處事要圓融、誠實！我很感激我媽媽的養育之恩，因此希望未來能夠成為空服員，帶媽媽一起去世界各地看看享受人生。

- **考題六：為了考空服員你做了什麼準備？**

Ex：我了解空服員的競爭非常激烈，為了更接近我的目標，我有參加讀書會，定期針對面試的考古題還有習題等，跟戰友一起做演練，此外也用假日的時間聽英文廣播，提升自己的英文程度。上個月在救國團取得了 CPR 的證照，希望可以增加自己緊急救援的能力。另外，我也每天會對鏡子做微笑的練習，讓自己保有親和力！

- **考題七：請問你有什麼特殊專長？**

Ex：空服員除了中文、英文、台語之外，如果能有第二外語會更具備溝通的技巧，因此我有參與日語的進修課程，目前可以流暢地用日文與人溝通。此外，我還是個游泳健將，參與過日月潭的游泳馬拉松。

- **考題八：請問你有什麼才藝？**

Ex：考官您好，我的特殊才藝是可以把廣播詞用 RAP 的方式唸出來，可以現場表演一小段嗎？

Ex：我的特殊才藝是可以用台語演唱最近的熱門曲目「小蘋果」。

Ex：我的特殊才藝是舞蹈，但是身著應考服不太方便表演，但是我有準備一個笑話，如果可以的話，我想嘗試說個笑話給您聽。

可以使用的連接詞

- 以下是我的個人特質…
- 綜合以上的論述
- 希望可以運用所學…將其發揮在…之上…達成貴公司空服員的要求…
- 此外，我也具備…
- 而我對未來的期許是…
- 除了以上的專業技能，我也為了提升服務經驗而做了功課，舉例來說…
- 其中最值得一提的是…
- 過去擔任社團幹部的經驗裡，我從中學習到了…
- 期盼可以成為一名…

- 針對以上所述，我還想補充說明…
- 由於我這方面的個人特質，也養成了我…的好習慣…
- 以上的事件，整體對我來說，是個非常好的收穫，我也因此學會了…
- 不好意思，請容許我更正剛剛所說的…

可以使用的總結語

1. 以上是我的個人介紹，希望可以有機會成為貴公司的一員，加入 XX 的大家庭，為貴公司奉獻所學，謝謝！
2. 感謝您的聆聽，非常期盼可以獲得這個工作機會，謝謝！
3. 貴公司在航點的積極拓展，以及重視社會公益的文化，是我一直以來所嚮往的企業精神，希望有機會能加入貴公司，除了能奉獻一己之力之外，還可以與貴公司一同做公益，謝謝！
4. 最後，我想說倘若有幸成為貴公司團隊的一份子，真的是夢想成真，我會非常感激並且努力學習，成為一名讓公司認同，讓乘客記住姓名的優秀空服員。
5. 總結以上我的個人特質，以及專長與工作經驗，希望可以獲得晉級下一關面試的機會！

Lyna 特別教戰提點

不要在每一個題目的回答時，一直重複跟考官說「謝謝考官的提問」。面試問題就是為了要了解你而設計的，提問本來就是考官該做的事，只要自然有禮貌即可，不用太刻意，否則反而會成了答題機器喔！

- **Any questions? 面試最後**

當考官問完了所有問題後，你以為就結束了嗎？其實不然。「最後，請問你有什麼問題嗎？」面試到一段落或者最後，考官會丟球反問考生，轉而讓考生提問。

面試官在問這句話時，絕對不是信手捻來隨口問問。這問題的背後，是考官想知道你對這份工作的渴望程度是否真的感興趣？是否把此份職缺當作長久發展的事業來看？此時，很多人會愣在這裡，擠出笑容說：「沒有問題。」考官也就順勢說聲「謝謝，那今天的面試到此為止！」來結束這個回合。

Lyna 要提醒大家，千萬別再錯失這個給自己加分的大好機會！因為此時提出一個好的問題是重要關鍵，讓你有機會強調自己的優勢，也能幫助考官對你留下更深的印象。

應試者應該怎麼問問題才好？可以依照以下的方向去做發揮。

1. 對於職位的熱切企圖

舉例：
- 請問我若有榮幸錄取，最快報到的時間是什麼時候呢？
- 請問在等待錄取通知之前，我還能做些什麼準備呢？
- 請問依照貴公司的升遷制度，大約幾年可以晉升到座艙長的職位呢？

2. 對於公司的未來發展

舉例：
- 請問貴公司未來還會增加什麼航點呢？我非常期待！
- 請問貴公司未來 5 年到 10 年的重點發展目標是什麼呢？
- 請問公司下一期的代言人是誰呢？

3. 對於教育訓練的安排

舉例：・請問若有幸錄取，接下來我會接受多久的培訓呢？

・請問教育訓練的結訓標準是？我能先做什麼準備，確保我可以通過訓練嗎？

4. 對於自己的表現了解

舉例：・冒昧請教一下，我今天的表現有哪些需要改進的地方呢？

・請問我今天的面試表現是不是有點太緊張了？那是因為我很重視這個機會。

5. 建立關係

舉例：・考官請問您是教官嗎？之後受訓還會見到您嗎？

・考官今天面試一整天應該很累了吧？我想說聲辛苦您了。

6. 補充說明

舉例：・考官不好意思，今天我太緊張沒有提到我的另一項專長，我可以簡短補充嗎？

・請問考官，剛剛有一題我覺得我沒有回答得很理想，可以再給我一次機會嗎？

以上 Lyna 提供大家六個大方向去準備，如同我一直強調的，請準備與你個人特質符合的詢問方式，不要太諂媚，也不要詢問考官一些個人隱私問題。記得察言觀色，提問的長短要拿捏好。適當展現自己就好，不要聊到讓考官覺得你太多話，加分不成反而多了扣分註記。

航空面試 體檢篇

體檢是面試流程中的最後一關，但是，就算收到體檢通知也不能鬆懈喔！因為考空服的最後一關是 Body Check，也就是身體健康檢查。

一般航空公司的體檢都是一些基本的例行檢查，項目包含身高體重、測量視力、量血壓、常規血液尿液檢查、梅毒血清檢查、血液生化檢查、胸腔 X 光、靜態心電圖、視力（包含有無色盲、色弱）和聽力檢查，以及醫師問診檢查：有沒有過往病史、重大手術等等…。

檢驗的內容也會包含看看應徵者有沒有傳染病、過度脊椎側彎、B 型肝炎帶原、地中海型貧血或色盲等。檢查項目頗多，不過每間航空公司在體檢上的把關嚴格程度不太一樣，有些比較寬鬆的體檢單位，知道空服員投考不易，如果血壓、聽力等些微不合格者，有時會給機會當場再重驗。但有些航空公司的體檢非常嚴格，稍微超過一些標準就會 fail，也會在體檢時再次確認應徵者身上有沒有紋身以及明顯疤痕。

提醒大家，如果已經拿到了這張最後的門票，體檢前請保持正常作息、飲食健康。女生可以多補充鐵質，血紅素過低的朋友也要多吃些保養身體的食材，好好愛護自己的身體！畢竟都到了最後一步，在這一關錯失機會很可惜。

Lyna 想特別分享中國南方航空的體檢方式。除了一般例行性檢測之外，還多了兩項「平衡力測試」。第一個測試是「閉眼站立」測試，應徵者需要閉上眼睛，舉起雙手，雙腳交叉站立並維持這個姿勢一陣子。完成之後，就接著進行第二項測試「自轉測試」，應徵者會被安排坐在一個可以轉動的椅子上，閉眼睛轉兩個圈；首先需要坐直身體將頭向右頃轉一次，之後再彎腰將頭低下再轉一次，確認平衡感能力符合標準才算合格。

●●●●● 中華電信 3G 下午4:27 40%

搜尋

【V Air 威航】空服人員體檢通知

2015年3月19日 下午5:33

收件匣 – Hotmail

恭喜下你(妳)通過層層考驗通過層層的考驗成為準Miss V，威航熱情的打開大門等候你(妳)哦！

錄取人員將於六月份及九月份分二批報到，正式報到通知將於體檢完成後，另行發送。

V Air邀請您撥空至交通部民用航空局航空醫務中心進行檢驗。說明如下：

●體檢日期無法更換，請依排定日期前往體檢。

●收到通知後，請自行上網進行體檢預約：

1. 航醫中心網站預約 http://camc-caa.org.tw/

2. 登入身分證字號與生日

威航體檢簡訊通知截圖

60 天黃金特訓，Ready GO!

以國籍航空為目標之 60 days 錄取準備計畫

<table>
<tr><th colspan="2">時間</th><th>星期一</th><th>星期二</th><th>星期三</th><th>星期四</th><th>星期五</th><th>星期六</th><th>星期日</th></tr>
<tr><td rowspan="3">第一週</td><td>上午</td><td colspan="7">持續運動，保持體態及體力</td></tr>
<tr><td>下午</td><td colspan="3">蒐集各家航空招考流程</td><td></td><td></td><td></td><td></td></tr>
<tr><td>晚上</td><td></td><td></td><td colspan="5">各家航空廣播詞及考古題（航空公司官網及雜誌訊息）</td></tr>
<tr><td rowspan="3">第二週</td><td>上午</td><td colspan="7">持續運動，保持體態及體力</td></tr>
<tr><td>下午</td><td colspan="2" rowspan="2">應考服準備及訂做
1. 西裝外套
2. 襯衫及短裙（襯衫剪裁要合身，黑裙最短不可短過膝上 2-3 公分）
3. 合適的高跟鞋
4. 配件：珍珠耳環及素面手錶
5. 合適洋裝（生活照）</td><td colspan="4" rowspan="2">中英文履歷自撰寫：
1. 自我了解（先將過往學經歷、優缺點、活動、社團、興趣生活規劃…等逐一列出）
2. 履歷、學經歷填寫
3. 自傳文章架構了解（將自我了解內容加進文章敘述）
4. 中文自傳 (500 字）
5. 英文自傳 (1500 字元）</td><td rowspan="2">Take a break</td></tr>
<tr><td>晚上</td></tr>
<tr><td rowspan="3">第三週</td><td>上午</td><td colspan="7">持續運動，保持體態及體力</td></tr>
<tr><td>下午</td><td colspan="3" rowspan="2">設計問題：
1. 假設自己是考官，會想了解履歷中的哪一部分，同時也反問自己為什麼
2. 記錄問題（會成為之後的考古題）</td><td colspan="2" rowspan="2">自我介紹設計：
1. 30 秒及 60 秒版本
2. 個人特質
3. 興趣及優缺點
4. 綜合空服員特質</td><td colspan="2" rowspan="2">確認物品 &Take a break
1. 照片
2. 履歷自傳
3. 其他相關證件
4. 如有訂做服裝、確認服裝進度</td></tr>
<tr><td>晚上</td></tr>
</table>

<table>
<tr><th colspan="2">時間</th><th>星期一</th><th>星期二</th><th>星期三</th><th>星期四</th><th>星期五</th><th>星期六</th><th>星期日</th></tr>
<tr><td rowspan="3">第四週</td><td>上午</td><td colspan="7">持續運動，保持體態及體力</td></tr>
<tr><td>下午</td><td colspan="3">中英台廣播詞試讀
1. 中英台發音練習
2. 字彙記錄並查詢如何發音</td><td colspan="4" rowspan="2">反應力訓練：
1. 將蒐集下來的職業、物品、圖片做成小卡
2. 第一次先試著講出小卡裡的東西是什麼或做什麼
3. 記錄剛才對小卡內容的發言
4. 打亂後再重新說一次（加入自己的想法）並記錄下來
5. 修飾第二次記錄的發言（什麼人、做什麼事、聯想點及自身連結）
6. 重新打亂並反覆練習及修改</td></tr>
<tr><td>晚上</td><td colspan="3">找尋各家職業、物品、及航空雜誌上的圖片</td></tr>
<tr><td rowspan="3">第五週</td><td>上午</td><td colspan="7">持續運動，保持體態及體力</td></tr>
<tr><td>下午</td><td colspan="3" rowspan="2">航空面試彩妝練習
（有閒暇時間也要練習）</td><td colspan="3" rowspan="2">空姐盤髮練習
（有閒暇時間也要練習）</td><td rowspan="2">Take a break</td></tr>
<tr><td>晚上</td></tr>
<tr><td rowspan="3">第六週</td><td>上午</td><td colspan="7">持續運動，保持體態及體力</td></tr>
<tr><td>下午</td><td colspan="2" rowspan="2">拍攝照片（像館拍攝）
1. 面試盤髮
2. 應考妝容
3. 白襯衫、西裝外套、黑裙（大頭照及全身照）</td><td colspan="2" rowspan="2">拍攝照片（戶外）
1. 洋裝
2. 背景以大自然為主
3. 陽光充足
4. 活潑笑容</td><td colspan="3" rowspan="2">中英文考古題試答：
1. 根據每一項問題來設計答案（流暢度、並將自身經歷連結到空服員特質上）
2. 同樣的問題要設計中英文答案
3. 反覆練習並修改答案</td></tr>
<tr><td>晚上</td></tr>
<tr><td rowspan="3">第七週</td><td>上午</td><td colspan="7">持續運動，保持體態及體力</td></tr>
<tr><td>下午</td><td colspan="2" rowspan="2">儀態訓練：
1. 高跟鞋走路姿勢
2. 台步練習（L 型、S 型、迴紋針型）
3. 站姿矯正
4. 起立坐下練習
5. 笑容訓練</td><td colspan="2" rowspan="2">中英台廣播詞演練：
1. 將蒐集而來的資料做成卡片
2. 練習將不會唸的字彙流暢帶過（英文台語），唸完後再查詢不會唸的字
3. 每次練習都要找人陪練，請他們幫忙注意笑容及 eye contact</td><td colspan="3" rowspan="2">自我介紹練習：
1. 需計時練習
2. 中英文版本
3. 請他人幫忙注意說話速度及 eye contact
4. 以「推銷自我」的方式呈現</td></tr>
<tr><td>晚上</td></tr>
</table>

<table>
<tr><th colspan="2">時間</th><th>星期一</th><th>星期二</th><th>星期三</th><th>星期四</th><th>星期五</th><th>星期六</th><th>星期日</th></tr>
<tr><td rowspan="3">第八週</td><td>上午</td><td colspan="7">持續運動，保持體態及體力</td></tr>
<tr><td>下午</td><td colspan="3" rowspan="2">初試內容綜合複習：
1. 廣播詞複習
2. 台步複習
3. 笑容複習（唸廣播詞及持久力）
4. 坐姿及站姿複習（請穿高跟鞋）</td><td colspan="2">複試中文面試演練
（履歷自傳問答 & 考古題問答 & 自我介紹 & 趣味題型：情境題 / 團討題）</td><td colspan="2" rowspan="2">初複試模擬練習（中英混雜）:
1. 妝髮備齊
2. 穿高跟鞋
3. 將所有準備過的問題都練習（請人幫忙問）
4. 請人隨意問至少五個題目並錄影
5. 檢討每次錄影過程並反覆練習</td></tr>
<tr><td>晚上</td><td colspan="2">複試英文面試演練
（履歷自傳問答 & 考古題問答 & 看圖說故事（結合反應力訓練）& 自我介紹 & 趣味題型）</td></tr>
<tr><td rowspan="3">第九週</td><td>上午</td><td colspan="4">充足睡眠、保持良好狀態</td><td colspan="3" rowspan="3"></td></tr>
<tr><td>下午</td><td colspan="2" rowspan="2">初複試模擬面試練習（中英混雜）:
前述五點之外，再找不同的人問不同的問題（要沒準備過的），並且錄影觀看自己的反應</td><td colspan="2" rowspan="2">確認所有物品備齊：
中英文履歷、應考服裝 / 高跟鞋 / 面試妝髮 / 證件、畢業證書、英文檢定成績、照片、航空公司要求等相關資料</td></tr>
<tr><td>晚上</td></tr>
</table>

備註 :<60 天英文速成方法 >

1. 每日背單字 50 個
2. 每日需複習前一天的單字
3. 每個禮拜需複習這個禮拜背過的單字
4. 單字背法：
   a. 不會的單字先試著唸出來
   b. 再去查單字正確唸法及中文含意
5. 每日閱讀一篇英文報紙或雜誌
6. 每日看一部影集
7. 影集看法：
   a. 第一次看先將中文字幕關掉
   b. 記錄聽不懂的句子
   c. 打開英文字幕看句子內容並記錄不會的詞語
   d. 打開中文字幕了解內容
   e. 將中文字幕關掉再看一遍

Chapter 5
航空報考 Q & A

掌握先機，是贏在起跑點的關鍵

關於航空考試，很多人心中有很多問題想發問，從事航空培訓這幾年來，Lyna 也被問過不下數千次類似身高、應徵條件、面試場上等等的各種相關問題。儘管前面各單元文章中已經為各位考生詳述關於航空報考面試等流程與情況教戰，但在這個單元，Lyna 還是幫大家依類型整理出最多人想知道的提問，越早了解越早提前準備，才能讓你奪得先機，贏在起跑點。

（圖片來源 / 曼哈頓遊學航家 StudyMAP）

條件篇

英文一定要很好才能考空服員嗎？

具備良好的語言溝通能力，是每次航空招考都會列出的必備條件。雖然並不是每一間航空公司都要求要檢附英文檢定成績，但現在已經是應屆畢業生人手一張多益證書的時代，所以最好還是能夠考取500-650分以上的成績，若取得650分以上，則達到可以投遞所有要求檢附英文檢定成績的航空公司門檻。

但是「門檻」只是最初步的基礎，只會考試卻無法順暢溝通是絕對不行的。因此，外商航空公司大多會採全程英文面試，面對的也是外籍主考官；國籍航空在面試流程中則會穿插英文自我介紹及英文筆試，或者英文面試關卡。

每個人對於「英文很好」的定義並不相同，但就空服員的工作需求來說，其實不需要太多華麗的詞藻或精準無誤的文法，應該要具備的是良好的溝通能力，面對面解決乘客的需求，還有，敢開口說是最重要的！

英文的口音腔調很重要嗎？

全世界的英文口音多達數十種，有誰能說哪一種口音才是最正統的嗎？

以亞洲來說，台灣人的英文口音算是清晰好理解的。身為台灣人，如果沒有長期住在國外或在擁有外籍講師的學習環境下，英文口音有點台腔是非常正常的事情。面試的時候要注意的環節已經非常多了，因此不需要刻意模仿或過份在意腔調這件事，用順暢溫柔的聲線和說話節奏掌握得宜，讓考官聽懂你說的英文勝過於一切。

條件篇

報考航空公司學歷要很高嗎？

在台灣取得大學畢業學位相對容易，因此學歷上大多以大學畢業以上為主，少數也有要求專科以上畢業即可報考職缺。不過，學歷太高的航空公司也未必喜歡，例如知名大學的知名系所碩士，在考官眼中會有「是否只是玩票性質」的疑慮，會考慮條件這麼優秀的名校高材生，能在公司任職多久？

所以 Lyna 認為學歷只是參考依據，至於是否會錄取，還是以考場的綜合表現有沒有達成考官期望，能否在所有環節中脱穎而出來定論。

唸的不是相關科系也會錄取嗎？

就大數據顯示，台灣現況年輕人就讀的科系與實際工作的相關性比例不斷降低。其實考官們也很了解這個現象，因此能夠提出明確、足夠説服性的理由，來向考官證明自己即使唸的不是相關科系，也能勝任這份工作，有明確的動機而非玩票性質，是經過謹慎評估後所做的決定，這些動機及理由的呈現絕對比起你是否為相關科系畢業要來得重要許多。

Lyna 在 UIA 培訓中心遇見的學員不乏有金融系、法律系、心理學系、土木工程學系、地質研究學系等等，他們都不是相關科系畢業，但是透過訓練，在考場也都順利説服考官「自己真的很適合擔任空服員這個職位」。

大學沒畢業可以報考嗎？

台灣本土的國籍航空現今大多要求擁有大學畢業的文憑，而部份外商航空、陸籍航空只要求有專科（含以上）畢業學歷即可報考。例如陸籍海南航空、港籍國泰航空、香港航空，以及阿聯酋航空來台招募時，都只要求有高中以上畢業之學歷就可報考唷！

沒有服務業經驗可以報考嗎？

答案是可以的。但重要的是，你適不適合從事服務業相關的工作？是不是可以被培訓成為這樣的人才？提出過往的服務業經歷可以佐證加分，但即使沒有服務業的實質從事經驗，也可以從成長過程及求學過程中，找到需要與人溝通社交的經歷，列舉並從中挑選出較值得一提的經歷檢附在履歷裡。

英文檢定成績還沒拿到可以補交嗎？

雖說曾經有補交英檢成績單被錄取的案例，但 Lyna 個人覺得這個作法很冒險。值得注意的是，取得英文檢定成績的過程相當耗時，以 TOEIC 為例，從報名、測驗到取得成績，有時會花上 2 到 3 個月的時間，若等到看到招募消息才去報考往往都來不及。

但也有特例，有時英文檢定機構會依據需求與航空公司合作加開專案考試，測驗成績等同正式考試成績，所以大家也可以把握專案考試的機會。但專案考試的時間為機動性，多半為配合航空公司大舉招募時才會加開，報名時間也較短，可說是可遇不可求。最保險的做法還是趁現在就開始準備英文檢定吧！也有英檢機構是測驗當日即可以取得成績證明（如BULATS)，若想要快速取得英文檢定成績，大家也可以善加利用這個方式唷！

條件篇

需要檢附各學期操行成績單是真的嗎？

是的。雖然並不是每間航空公司都需要，但台灣知名的兩大國籍航空公司都會要求考生檢附在學期間的操行成績，以及良民證等相關資料，藉以佐證考生沒有品性不良的紀錄。因為空服員是個注重紀律和團體相處的工作，因此對航空公司來説，在學期間的表現是個很好的參考紀錄。

刺青可以考空服員嗎？

只要刺青的位置是在穿制服時看不見的地方，答案是可以的。Lyna 也曾遇過學員是靠遮瑕效果來獲得錄取，但是之後每次執勤前都要辛苦的遮瑕，後來她便選擇使用鐳射手術將刺青淡化。

報考空服員可以染髮嗎？

建議考生報考前先維持自然髮色，而結訓之後，並過了試用期，再依照公司的規定與管制寬鬆程度去調整自己的髮色吧！在面試的時候，建議還是保持黑髮，或以深褐色、深咖啡色等符合亞洲人面貌的自然髮色去參加面試，再配合髮色搭配眉色，才會有整體妝容的一致性。

不過樂桃航空在 2016 年 6 月來台招募時，招募條件已放寬許多。不但取消染髮規定，且有彩繪指甲也能應考唷！

牙齒正在矯正可以報考嗎？

其實矯正牙齒是一件對自己容貌重視的事情，考官並不討厭。只是摘除牙套的時機就是考量的關鍵。如果近期就會摘除，或是預計摘除日接近受訓或完訓報到日，那麼戴牙套是可以接受的。

但也有些航空公司會直接在面試條件上規定，不接受正在矯正牙齒的考生。例如 2015 年底首次來台灣招募的泰國酷鳥航空，就明文規定不接受牙齒正在矯正的考生應考。

Lyna 建議如果有志往服務業發展的朋友，如果牙齒天生比較不平整，可以趁著年輕去做牙齒矯正，對於未來很多工作的投考都會有幫助。許多先進國家的企業主管，在面試時也會以牙齒是否整潔來評斷求職者對於自身的要求與重視。而矯正牙齒的方式有很多種，技術也越來越發達，有些矯正方法甚至是從外觀上看不出來的。建議可以自己衡量預算及時間，多諮詢幾間診所，聽聽不同醫生的意見，因為牙齒矯正是一件長期的計劃，所以要慎重一點唷！

身材豐腴可以報考嗎？

大家一定沒想過吧？其實身材太瘦是不會被錄取的。BMI 數值過低，看起來瘦弱不健康的身材，考官並不喜歡。健康是空服員正式就職之後，公司很重視的一環，過瘦或過於豐腴都容易致使身體發生狀況或產生疾病，所以請考生務必要維持好健康的體態。

另外，考官在面試時會設想你的身材是否適合穿著該航空公司的制服；或是如新加坡航空公司，直接在複試時要求考生試穿他們家的航空服，再依照考生們著航空制服後呈現的體態與樣貌，來挑選最適宜加入該航空公司的空服員。

胖瘦的定義每個人認知不同，不妨想像一下自己穿著制服的樣子吧，是否需要調整體態，我想你會知道答案的。

條件篇

空服員的身高一定要 165 公分以上嗎？

關於空服員的身高，早期會在投考條件中明載身高需達到多少公分。近年來大部份航空公司已取消招募條件中的身高限制，而由現場摸高來取代（墊腳摸到機艙頂端行李櫃的高度，平均要求在 205 ／ 208 ／ 212 公分）。

但也並不是所有的航空公司都取消了身高限制，例如 2015 年底招募台灣籍組員的泰國酷鳥航空就有身高的要求，投考身高要求在 160 公分以上。不過個子嬌小的女生也不用沮喪，日籍航空對於身高要求沒有這麼嚴格。另外，國泰航空目前的空服員資料紀錄最低身高是 153 公分。

如果航空公司在初試時就要考生繳交到醫院體檢的體檢單，基本體檢單上就會呈現：身高、體重、年齡等資料，這些資料於面試一開始報到繳交給人資收件人員時，就會被編列成數字代碼註記。有些代碼考官看見便能一目了然，這位考生的身高是否低於這次的篩選標準。

而長榮航空的網路報考流程，需要提交填寫的項目除了一些基本資料外，一定會要求考生填寫身高及體重兩個欄位，並且搭配生活照，以上就成了海選的條件門檻。人資部門會憑以上資料做初步的系統淘汰與篩選。據傳聞身高未達 158 公分的考生，收到面試通知的機率非常低。

可以配戴角膜放大片嗎？

可否配戴角膜放大片的問題，大多的航空公司規定是不行的，並且也有嚴厲到請考生現場摘除的例子。但是近期招考條件越來越寬鬆，不少學員皆反應考場有很多考生會戴放大片去應試。因此建議，如果真的要戴放大片的話，請選擇自然一點的款式與顏色，讓眼球黑色部份稍微放大即可。如果是近視的人，放大片有度數的話，也請攜帶透明度數的隱形眼鏡備用。以免真的遇到嚴厲的考官，被要求摘除時至少可以替換，不要為了美麗而喪失角逐的資格，那就太得不償失了！

可以嫁接睫毛去參加面試嗎？

建議不要。Lyna 遇過種植睫毛的學員中，十位有九位都會有睫毛壓眼的問題。用現場考官的距離觀看，眼部的睫毛只有垂墜感，也降低了清新的氣質，除非是非常自然輕盈整齊的嫁接睫毛。可以用睫毛夾與睫毛膏的方式，或是使用自然的假睫毛撐起眼睛，讓眼妝看起來明亮有神，會是較佳的選擇。

生活照可以用自拍照嗎？

這個問題 Lyna 當然會跟你說 NO ！大家請試想，如果你是人資部門的人員，在篩選照片時，會不會希望看到由上往下的自拍照呢？我們要找的是親和又具備抗壓性的空服人員，不是挑選在臉書上會獲得最多按讚數的照片甄選喔！

為了表示對申請一份工作的重視，請別人幫忙拍攝一張可以呈現個人特色的美麗照片並不難。而且自拍照也因為手持角度侷限的問題，容易讓人的比例變得奇怪。不過現今科技很進步，使用外接鏡頭拍攝或是自拍棒，都能拍出不像自拍照的生活照，這樣方式拍攝出來的照片則是可以使用的。

面試篇

需要提早很多時間到考場嗎？

如果是 Open Day (OD) 考試，那答案是肯定的！這種考試就很像在排福袋，要早一點到考場，例如 9 點開始的 OD，早晨 6、7 點去排隊是正常的。像是阿聯酋、卡達都曾用過這樣的招募方式。

如果已事前拿到面試編號，知道自己的序號與時間，提早半小時左右抵達考場即可。假如你對考場或地理環境不熟悉，建議可以再多抓一些預備時間。但過長時間又緊張的等待，反而會讓人看起來疲憊且容易脱妝，所以抵達考場的時間拿捏非常重要。

是否一定要戴珍珠耳環？

珍珠是很具特色的飾品，多年來一直象徵貴氣，就像空姐給人的親和、典雅大方氣質形象一樣。大小合宜的珍珠耳環，能有畫龍點睛的效果，可以提升整體質感，側面臉型妝容也會感覺更完整。

如果有耳洞的人，建議可以搭配一對珍珠耳環；沒有耳洞的考生，則可以找夾式的珍珠耳環。但沒有珍珠耳環也沒關係，燦爛洋溢的笑容比什麼飾品都更具有加分的效果。

一定要綁法式包頭嗎？

髮型一定要搭配臉型才是最好的選擇，並非是梳哪種髮型就一定可以錄取。乾乾淨淨的髮型，可以突顯你的臉蛋特色，也可以讓考官知道你是注重細節的人。只是法式包頭相對典雅成熟，丸子包頭則給人年輕俏皮的感覺。

應考服一定要訂做嗎？

Lyna 個人建議最好去訂做一套適合自己身形的應考服，但是不需要訂做太昂貴的。女生的襯衫加裙子整套合理價位約在 1500-2500 元左右。一套應考服的投資是值得的，只要選擇好的店家，明確告知店家是要參加空服員面試，厲害的師傅就可以幫你把缺點掩飾得很好，訂做出一套合身並且彰顯身材比例的應考服。

畢竟一套應考服可以在拍攝證件照時穿，也可以在面試時穿，無論是初試或複試都派得上用場。應考服就像是戰袍一樣，陪伴我們走過多次的應考場合，Lyna 相信這也會是一個很好的勇敢追夢紀念。未來哪天有什麼正式場合需要，也許也可以派上用場呢！

應考服重點：選擇防皺的材質、腰的高度要夠高（收緊腰部，但要保留可以坐下的空間）、領口別太寬（否則會顯得脖子短）、袖口不要太大、裙子不能太短（膝上 2-3 公分左右）。

面試篇

應考服裝的顏色選擇？

應考服襯衫最安全的顏色當然是白色，不過白色的種類也分很多種，有線條、米白、素白、亮白等。最近考場也開始有許多新的顏色出現，例如淺粉紅色、淺黃色、淡藍色、藕色等等。只要是剪裁好、面料夠挺、穿著合身、熨燙平整，自己感覺合適且有自信的就可以。

一定要穿絲襪嗎？

除非是航空公司有特殊的服裝要求，否則一般正式的應考服都需要搭配絲襪與包頭跟鞋。絲襪的顏色選擇很重要，不要選擇顏色厚重、太白或太黑的，會與上身的膚色不搭，而且站在燈光下，腿部會顯得很像義肢。輕薄微透自然膚色的絲襪最佳。記得多帶一雙備用絲襪前往考場，以備不時之需。

Chapter 6
後記
夢想，出發！

考後的心態調整

航空考試中，所謂「考官運」的運氣佔了很大比例，考生除了充足的準備和多方嘗試外，不需要太偏執一定要考上某一間航空。要相信自己是值得的，即便沒有考上，也不代表你不好。

Lyna 有位外型亮眼、身材高挑、英文也很不錯的朋友，試了幾次國籍航空報考卻總是落空，而外商航空來台招募時，一次就考取了。所以，Lyna 要給大家一個觀念，並不是沒考上就代表你不夠優秀，也許是有更適合你的航空公司，會在更適合你的時機點迎接你加入。

而且航空考試是持續性的過程，有時候一個季度可能會連續遇上數家航空公司的招募，因此，倘若把每次考試都當成最完美的練習和自我檢驗，考後迅速調整自身的心情和狀態，讓自己隨時保持平和自然的情緒，準備好再次面對下次考試，才有機會讓自己在持久的競爭中勝出。

努力堅持的人，才有機會成功

「究竟考幾次才會被錄取？」這也是 Lyna 常被問到的問題。但如果經歷了幾次挫敗就想放棄，那也許代表你不夠想要空服員的職位。

以旺季來說，一年的航空招募大約有 20 多次以上，如果每間航空招募你都有投考，那就有很多次的練習機會。Lyna 培訓過很多學員第一次就考取，但也曾聽聞空姐朋友花了將近 3 年時間、嘗試到第 34 次才成功飛上藍天的故事。相信這樣說大家可以理解，這個問題沒有正確答案，只有持續堅持、不放棄，才有機會得到最後的成功。趁年輕時候多努力吧！若不認真去投入嘗試，又怎麼知道自己的潛能有多大呢？

受訓，才是考驗的開始

如果你順利通過一連串的面試和最後的體檢，那麼恭喜你，你已經成為航空公司名單內的準空服員了。下個階段就是開始接受由航空公司安排的受訓和試飛，受訓時間長短從 1.5-3 個月不等；試用期則為 3-6 個月。

受訓期是飛行之前非常重要的環節，也是公司對錄取者最後的檢視。藉由連續的操練與測驗，培訓教官等於是幫公司做最後把關，淘汰少數不適任的人選。培訓內容主要就是兩大 S – Safety & Service。

航空受訓的教材，大部份國籍航空以中文居多，但長榮航空則是全英文，所以在準備上，英文程度一般的受訓生會感到很吃力，一定要比別人加倍用功才可以。好不容易考上了，雖然過程辛苦，但相信你一定可以撐過去，尤其在受訓期間被 fail 掉是一件很可惜的事情。

有些航空公司在受訓期間會提供宿舍給錄取者，例如長榮航空、國泰航空、阿聯酋航空、新加坡航空等等。既然入住宿舍，就會有室友。在這個期間遇到好的室友，很容易建立革命情感，成為未來要好的同事與好友；但當然也有可能遇到難以相處或生活習慣與自己不同的室友，如睡覺打呼、磨牙、就寢時間不同，甚至會排擠你、愛抱怨等等。此時，應當如何應對才好呢？就要看大家如何運用化解危機的智慧來處理囉！因為通過這段受訓期後，一旦正式起飛，還有更多問題需要用到大家的才智來迎刃而解。保持愉快圓融的態度，讓自己不因外界影響而受氣，才是聰明的職場生存之道！

試飛的慌亂，也不要灰心

各間航空公司的試用期不一，依規定落在 3 個月到半年之間不等。在試用期間，一方面因為需要大量的實際飛行來訓練應對各式各樣的機艙情況，二來因為試用期的新人對航空公司來說，薪資價位相對便宜，因此飛行時數破百是常見的情況。

這段時間，可以用正面的心態去看待，例如可以更了解這個工作；面對學長姐的指正，也可以當作是很好的學習機會，使自己未來能夠更快獨當一面。因為不管在哪間公司，都會有遇到嚴厲主管的可能性。除了檢討自己需要改進的地方，在此時期培養好的態度也相當重要。多運用團體生活所需要的社交技巧、懂得正面應對調整自我心態，除了航空業之外，未來在任何產業也都可以工作得更快樂。

退役空服員的未來職涯

跟空服界友人聊天時，當職位進階到可以服務高端艙例如頭等艙、商務艙、桂冠艙的時候，我們有時候會開玩笑地說：「妳今天在『老公艙』值勤喔?!」調侃彼此是不是可以在那裡找到好老公。

以下請容許 Lyna 客觀的描述一些灰暗層面：嫁給好人家，好像是許多空服員的退場機制；但倘若沒有嫁給好人家，在飛行到一定年數之後，相當多組員就會有身體不堪負荷或是進入倦怠期的情況。這時候大家可能會經歷一段迷惘的階段，認真思考究竟該不該繼續飛下去？這個時候的你，沒有剛踏入社會時的旺盛活力，也沒有過去大膽築夢的膽識，因為人生中最菁華的青春已經全奉獻給航空公司。習慣了彈性的休假制度、擁有還不錯的薪資與亮麗頭銜，一下子要轉變人生的跑道，多數人都會因此感覺無比困惑。

如何讓退役空服人員有好的規劃與選擇，也是 Lyna 一直在著手計劃的事情。

究竟退役的空服員可以做什麼呢？其實不用擔心，有很多工作非常適合退役空服人員就業，例如旅遊飯店業主管、總經理秘書、高級遊艇的管理階層，或者擔任講師等等。以空服員良好的服務訓練、大方笑容及高應對能力，這些優勢，在未來的人生職涯發展上都是很好的加分元素。

Lyna 建議空服員們，在飛行之餘，可以多進修自己的其他專長。空服員的班表很彈性，要擠出時間做一些進修的規劃並非難事。因此，好好的投資自己，未來的你會感謝現在辛苦的自己，讓自己更有競爭力退下空中舞台。

假如你目前還沒有什麼想法，那也沒關係！既然已經決定要飛行，那就專注地享受當下的人生：享受空服員才能擁有的福利制度，享受朋友羨慕的眼神，享受機場旅客行人注目的眼光，快樂的當一名擁有服務熱忱的美麗 / 帥氣空服員吧！

勇敢地朝夢想努力前進吧！

多年前 Lyna 在廣州創業時，當時的員工大多來自大陸各省，從華北、華南甚至遠至東北都有。在與員工們深談後發現，他們很多自學生時期就開始離鄉背井到外省去求學就業，除了吃喝拉撒睡得全部一手包辦，掙得的工資還要寄回老家。在獨立環境的塑造下，有條件的年輕人會選擇去申請研究所課程再做自我進修。至今，我還是偶爾會跟他們聯繫。除了更新彼此近況、互道關心之餘，Lyna 也發現他們這幾年進步的很快，比以往更有競爭力。

在回台擔任講師期間，與其他外籍考官討論交流心得後，我們也都認為從閱讀履歷表上看來，可以發現台灣年輕人才在世界競爭上的優勢略顯不足。印象中，求學時期的同齡美國友人，就曾驕傲向我敘述自己曾開過兩家公司，過去在學校也曾組織過學生團體，腦中更經常想著嘗試創新的發明點子。這些也許並不是人生勝利組的成功例子，但對企業主來說，這就是求職者的領導經驗與獨立思考能力。而台灣人才踏入職場的平均年齡是 23 歲，真正獨立懂得承擔人生的年齡，卻是落在 25 歲之後。把這個年紀放眼跟世界比較的話，對岸有企圖的年輕人多半早已養成獨立且積極求進步的狼性。

美國學生對「自己」的了解比較深，因此在做決策思考判斷上，也比台灣同齡者成熟。但這並不表示台灣學生不夠優秀或是潛力不足，而是人格發展上台灣年輕人踏出去的腳步比較

慢。這也是為什麼 Lyna 在授課時一直非常重視學員在「了解自我」區塊的學習，並引導學員去「表達呈現」的原因。

就 Lyna 的觀察，不論學校或企業（尤其外商體制），廣納頂尖人才時相當重視「人格發展」和「價值觀」。面試時，他們首先看的是你是否能展現誠實、肯努力、敢冒險的特質，以及對產業的認識和對公司的忠誠度，接著才是看其他外部條件。

台灣新鮮人較晚踏入職場，也鮮少主動策劃或參加社團活動，反而較頻繁的透過 3C 電子產品來與人交流，相對來說，有可能在與其他國家同齡年輕人相比之下，勢必會有輸在起跑點的落差。另一方面，台灣年輕人並不是消極地不會表達，也許是教育體制容易塑造出只聽不說的習慣，亦或是家長對一切的掌控慾太高，因而養成許多聽話的乖寶寶。有些台灣的學生進入教室後，常習慣性坐到後排，好像離講師越遠越好。而這種習慣自然也大大地減少了學員「練習表達自我」的機會，因而嚴重影響了這些學生日後在求職時的「自我表達與呈現」。

在本書的最後，Lyna 提出如此嚴肅的議題，主要是想鼓勵想要從事海外工作，不論是空服員或是派遣工作的朋友，一定要更有企圖心的去表現自己。而如果你在追夢途中，遭受到了阻礙與挑戰，也請勇敢一點、堅持一些，不要因為自信心不足而對自己心存疑問。更不要因為幾次挫敗就輕言放棄。

想報考空服員，除非你很完美，否則請拿出鋼鐵般的心來應戰。

想是起點，做是答案。關於我們的夢想，我們要「敢想、敢要、敢得到」。

當夢想達成之後，我也盼望大家能回歸到根本，去把大家視野中的世界帶回來回饋給台灣。回來創造希望的願景，回來讓台灣更有競爭力。畢竟，這裡是孕育我們的家園，也是值得我們付出與珍惜的美好地方。

夢想，出發！空服員輕鬆考取計畫：60 天黃金特訓，躋身全球風行的熱門航空業 / 黃翊綾著 .
-- 初版 . -- 臺北市： 創意市集出版 ：
城邦文化發行， 民 105.06
面； 公分
ISBN 978-986-93029-4-4(平裝)

1. 航空勤務員 2. 考試指南

557.948 105005932

2AB933

夢想，出發！空服員輕鬆考取計畫

60 天黃金特訓，躋身全球風行的熱門航空業

作者 黃翊綾 Lyna ／ 責任編輯 溫淑閔 ／ 主編 溫淑閔 ／ 版面構成 江麗姿 ／ 封面設計 任紀宗 ／ 行銷企劃 辛政遠 ／ 總編輯 姚蜀芸 ／ 副社長 黃錫鉉 ／ 總經理 吳濱伶 ／ 發行人 何飛鵬 ／ 出版 創意市集 ／ 發行 城邦文化事業股份有限公司 ・ 歡迎光臨城邦讀書花園 ・ 網址：www.cite.com.tw ／ 香港發行所 城邦（香港）出版集團有限公司 ・ 香港灣仔駱克道 193 號東超商業中心 1 樓 ・ 電話：(852) 25086231・ 傳真：(852) 25789337・E-mail：hkcite@biznetvigator.com ／ 馬新發行所 城邦（馬新）出版集團 ・Cite (M) Sdn Bhd・41, Jalan Radin Anum, Bandar Baru Sri Petaling, 57000 Kuala Lumpur, Malaysia.・ 電話：(603) 90578822・ 傳真：(603) 90576622・E-mail：cite@cite.com.my ／ 客戶服務中心 地址：10483 台北市中山區民生東路二段 141 號 B1・ 服務電話：（02）2500-7718、（02）2500-7719・ 服務時間：周一至周五 9：30 ～ 18：00・24 小時傳真專線：（02）2500-1990 ～ 3・E-mail：service@readingclub.com.tw

※ 詢問書籍問題前，請註明您所購買的書名及書號，以及在哪一頁有問題，以便我們能加快處理速度為您服務。
※ 我們的回答範圍，恕僅限書籍本身問題及內容撰寫不清楚的地方，關於軟體、硬體本身的問題及衍生的操作狀況，請向原廠商洽詢處理。
※ 廠商合作、作者投稿、讀者意見回饋，請至：FB 粉絲團・http://www.facebook.com/InnoFair・Email 信箱・ifbook@hmg.com.tw

印刷 凱林彩印股份有限公司 ／ 2018 年（民 107）3 月 初版 2 刷 ／ Printed in Taiwan ／ 定價 300 元

若書籍外觀有破損、缺頁、裝訂錯誤等不完整現象，想要換書、退書，或您有大量購書的需求服務，都請與客服中心聯繫。